青春是永不言败的希望

《中学生博览》杂志社 选编

时代文艺出版社

图书在版编目（CIP）数据

青春是永不言败的希望 /《中学生博览》杂志社选编. — 长春：时代文艺出版社，2021.3
（青少年校园美文精品集萃丛书.青春伴读系列）

ISBN 978-7-5387-6616-5

Ⅰ.①青… Ⅱ.①中… Ⅲ.①作文－中学－选集 Ⅳ.①H194.5

中国版本图书馆CIP数据核字〔2021〕第006265号

出 品 人　陈　琛

产品总监　邓淑杰

责任编辑　刘　兮

装帧设计　孙　利

排版制作　隋淑凤

青春是永不言败的希望

《中学生博览》杂志社　选编

出版发行 / 时代文艺出版社

地址 / 长春市福祉大路5788号　龙腾国际大厦A座15层　邮编 / 130118

总编办 / 0431-81629751　发行部 / 0431-81629755　北京开发部 / 010-63108163

官方微博 / weibo.com / tlapress　天猫旗舰店 / sdwycbsgf.tmall.com

印刷 / 三河市嵩川印刷有限公司

开本 / 880mm×1230mm　1 / 32　字数 / 135千字　印张 / 7

版次 / 2021年3月第1版　印次 / 2021年3月第1次印刷　定价 / 36.00元

编 委 会

Contents
目 录

青
春
是
永
不
言
败
的
希
望

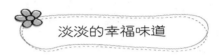

淡淡的幸福味道

蓝色信封上的茉莉

微　光

目录

你说，这就叫成长

路过青春微微凉

月小半

1

"喂，微微，你新同学长得很帅啊！"宁调侃道。

"帅什么帅啊，都快把我烦死了。"我丢给宁一个大白眼。

是的，我快被你烦死了。刚到我们班，你那七大姑还是八大姨的班主任就把你安排到我旁边。我瞟你一眼，小麦色的皮肤，戴个眼镜背个双肩包的样子有点儿傻。我当时有些庆幸，听说你是留级生时我还以为你定是个玩世不恭的小混混。

你很热情，甚至说热情得有些过分，对班上的人你总是喜欢问东问西。你没有整套的教科书，所以会时不时与我共用。你会整天给我讲我不喜欢的游戏和动漫。

喂，你真是烦死了！

2

都说日久生情，用在这里可能不太恰当。但至少，日久，让我对你的态度开始有所改观。

刚上初二，我的物理真的是差到一定程度。因为比我多学一年，所以你总会很慷慨地帮我画杠杆受力分析图，会把你做好的题目主动送给我借鉴，甚至会在安静的自习课上旁若无人地给我讲几道物理题。

渐渐地，我开始习惯了你的存在。下课时帮我拿好下节课要用的书，帮我倒好热水，无聊的时候听我唱《三只小熊》这种很弱智的歌，在我心情不好时忍受我的冷眼相待、恶语相加……你就那么默默地守护着我的耍赖。

3

然后的然后，我们就分班了。

放学，我习惯和帆帆一起走。每次，你都会自来熟地搭着我的肩，说："嗨！"然后，帆帆这个花痴女就会发出很诡异的笑声。我一个弯腰，就从你的手臂下逃了出来。然后，对着你就是一拳，"别搞得我们很熟似的，叫人看见多不好！"你也不生气，还是跟着我，竭力找话题和我聊。

其实，不和你做同桌还真不习惯，抽屉里乱糟糟，杯子里的水总是热了又凉没人更换，同桌说我唱《三只小熊》很难听。我有点儿想你了，真的。

于是，我决定在圣诞节良心发现地送张贺卡给你。谁知你却回赠了我一份"大礼"。你送了一只玩具熊给我。我抱着那只熊和你并肩走在校园里的时候，路过的人都投来各种羡慕嫉妒恨的目光，搞得我混混沌沌仿若梦境。

4

我也不知道我是什么时候喜欢上你的。反正我是真真切切地喜欢上你了。

在离中考剩下不足一百天的时候，我大无畏地向你告白了，我不想在我初中的记忆中留下什么空白。可是我却被你从头至脚泼了一桶凉水。

你说："微微，要中考了，把心思放在学习上比较好。"

你说："微微，你那么优秀，而我这么差，即使我们在一起也不能去一个学校啊。"

你说："微微，你对我只是依赖，你只是喜欢那种被宠的感觉，而不是喜欢我。"

……

我很淡定地对朋友们笑笑，还反过来劝她们开心点儿。

但心里却在说：安凉，你真是个浑蛋！

5

如你所愿，高中我们果然不在一个学校，但戏剧性的是你去了比我好的学校，因为我的体育分数华丽丽地拖了我的后腿。

那次我们学校放假，我溜达去你所在的学校找我那帮狐朋狗友，结果有了意外"收获"。

宁一看见我就跑过来拽着我说："哎呀，安凉中考后让我带一封信给你，可你一暑假都没个人影啊！"

我听得一愣一愣的。

你留言给我说："把对你的感情转移到别人身上，把别人当作你，我竟也沉沦得一发不可收。"

是啊，我们终究不会在一起。

那次放暑假，你跑过来找你朋友，夜色中，我还是一眼就认出了你。我假装咳嗽，你转过头来看见我笑着向我走来，举起手想捏我的脸，想想还是没有。你轻轻拽着我的帽子，盯着我一句话也不说，足足盯了有两分钟才问："期中考试考得怎么样？"

"还行，年级348名。"

"嗯，年级前313名进线，加油啊！"

什么时候我们坦然得像多年不见的老朋友？可为什么我的心却悸动个不停？

你放下我的帽子慢慢地走了，一边走一边不住地回眸。

安凉，求你了，快点儿走吧，别再回头看了，再回头你就会发现我眼中填满的泪了。

6

磕磕绊绊、曲曲折折的才是青春。

有欢笑、有泪水、有错过的才是青春。

你就带着我们青春的薄凉向前走吧。

我们都该忘了，最初让彼此心动的那一个。

西边天晴东边雨

凌波漫步

1

期末考试前的一个周末，不同学校的死党千里迢迢不辞劳苦地花了两块钱坐着破破烂烂的公交来我宿舍，美其名曰帮我复习物理，实则三人热热闹闹地找个没人认识的地方干着没人敢承认的事。

阿博是最早来的。当我还趁着和柯发信息的短暂空闲时间斟酌着怎么给身在北城以北的陈超回个风趣幽默又充满哲理的语音时，专属博士的铃声就兀自响起来了。我趿拉着拖鞋一并三步地从二楼蹦跶到学校外面的马路，阿博正背着个蓝色的背包在卖奶茶的摊位上挑笔。

"阿博，我带你去看陈超……"

"你是说，你学校那个唯一一个考上重本的普通类应届生，长得帅交际能力又强的学生会主席？"阿博猛地回头尖叫。

"……的名字。"我弱弱地打破她的幻想。

我站在学校大门的红榜前，喋喋不休叽里呱啦地对阿博说了好多关于陈超的优点。"要是我也能成为他那样的人就好了……"当我手捧脸颊一脸花痴状的时候，阿博特冷静地问了句："话说，你见过他吗？"

"话说，我没见过他。"我也特冷静地回答。

"话说，许久不见，你的花痴功力更是无人能及。"阿博大大地白了我一眼。

2

我定力确实不够，因为我还是把那篇手稿给了阿博看。

"幼稚。"见我一脸错愕受伤的表情，阿博愣了愣，有点儿犹豫地开口，"我说得好像是有点儿过分了，可能是我这段时间看多了《读者》的原因，你也不要太在意……"

我默默地把手稿塞到抽屉里放好。"我没有在意，这也是意见啊，我会努力改正的啊。"我大声嚷嚷着。

从前只要我一遇到批评打击总会用犀利的语言一字一句地反驳过去，但现在总不能让我因为一句不合就针锋相对最后不欢而散吧，我想我很在乎她们，所以我做不到睚眦必报。

想通了以后，我们四个坐在窗子旁边，扯着破音的嗓子大吼："原谅我这一生不羁放纵爱自由，哪会怕有一天会跌倒……"

"哗啦"一声，一桶脏水伴随着几个男生的骂骂咧咧从三楼铺天盖地倒下来，还被我接了个钵满盆满。

你看你看，这素质。

我说："期末考完试后我们去旅游吧。"柯想也没想地拒绝："不要，我们还有不到一个月的时间就高三了，好好学习才是王道，你还没醒悟？"

什么都是高考之后说，我只是想趁着现在还有激情还有动力把想做的一口气全做了，我不想到时候所有的热血被高三一年的辛苦刷题消磨殆尽后，像个垂暮之年的老人那样无所事事地用完全被放空的脑袋回忆现在的我想要做什么。我想我是有点儿声嘶力竭了。

"四喜，你说过的，要和我们考同一大学，不是我们打击你，可事实上你的基础确实比我们差了好多，所以你肯定得比我们的努力更努力，你总说不想人云亦云，可是你要知道，我们只剩下高考了，就像背水一战。"阿秋轻轻地擦去我的眼泪温柔地说。我想当时我是有听讲去的，不然我怎么会一夜白头青丝成雪，别和我说营养不良。

不过要是让她们三个知道，那时我的多愁善感是为了把真实情绪带进稿子里，她们还不得把我给掐死。

3

你不知道的。因为你从来都不在。

那段时间我断断续续写了好多稿，无一例外主人公都叫阿童。好多人都跑过来问我，阿童是不是我自己的写照。和我关系比较好的就会开着玩笑说："四喜，难道你是思春了吗？"和我关系不好的就会在背后小声地说："四喜都写了那么多稿没一篇过，一理科生往文科堆里凑什么热闹，也不掂量着自己几斤几两。"当世界对你充满莫名其妙的恶意，你能做的就是静观其变。我想我很淡定，淡定得让从前那个不满现状就要和他们斗个头破血流的自己望尘莫及。

我又想起了高一。那段只有我孤身一人无尽黑暗的高一。就像所有人想的那样，我平平庸庸地去了我现在的学校准备平平淡淡地度过三年。预想中最坏的结果成了现实，整个学校没有一个是认识的，从母校里毕业出来的没一个人像我这样傻傻地报错了志愿。

花木是我进宿舍后第一个认识的女孩儿，当我气喘吁吁地拖着一大袋行李挪到七楼的宿舍时，花木浅笑着坐在椅子上看书。理所当然地我们成了对方的第一个朋友。

同屋同班同桌，这一切都促使着我们往好朋友的方向发展，只是偶尔花木会因为我整天都埋头写写改改而抱怨不已，也会在因为我和后桌的打打闹闹影响她学习而皱起眉头准备呵斥我的时候，被我们逗得直不起腰。

那么，为什么现在会形同陌路呢？

我想大概是花木得了急性阑尾炎的那次。我翘了半个早读课陪她一起去医院找床位，办住院手续。我阿姨是个热心肠的人，一听我有同学生病二话不说就风风火火地熬了一锅可以补血的红枣枸杞汤送到医院给花木。后来，花木痊愈之后回到学校，可是因为缺席了一个月，我们已经不是同桌了。从那以后，花木努力地对我好而让我深觉不安想逃。

我的拒人于千里之外太过明显，以至于花木每次想靠近我的时候都望而却步。再加上，那时我正深陷自以为是的热恋之中不可自拔。

直到某个自修，我在下课的走廊撞见了心仪的男生牵着一个我不认识的女生的手。我只记得自己泪流满面地跑回宿舍和花木一路跟着安慰，她不停地对我说，会过去的会过去的。那是我第一次在新学校抱着别人失声痛哭。哭过以后我开始乱发脾气，把所有的不满全撒在花木身上，我和她大吵。我说："你能不能离我远点儿，每次都黏着我，你知不知道你很烦，你不知道我最讨厌矫情吗？每天那么多愁善感你以为你是林黛玉吗？"被我骂哭了的花木抽噎着回骂："你以为我想跟着你，我真心把你当朋友，而你呢，凭什么避我如蛇蝎，你以为你说话很好听吗？整天嗲着声音向男生撒娇谁受得了你，要我是陈景我也不要你！"

所谓的自尊一下子因为"陈景"两字没了。我扇了她一巴掌，冲着她大骂让她滚。

等我冷静下来的时候，我想我得向花木道个歉，可是花木走了，走得彻彻底底干干净净。她申请了调班，分开以后在路上碰着她我都想着要怎么开口扯点儿话题。可是，每次她都对我视而不见。

4

"后来呢？后来你们怎么样了？"

我把我和花木的故事原原本本、一字不漏地告诉阿博她们的时候，她们特别疑惑。

"然后呢？然后就成后来了啊。"

5

手机信息的铃声响了几次。关于台风"威马逊"准备在粤西地区登陆，请市民做好防护准备的信息一条一条地发了过来。

"威马逊"还没登陆的时候，我窝在墙角的沙发上，透过窗看着外面淅淅沥沥的太阳雨，突然就想起了前几天问过陈超的无厘头问题和他的奇葩答案。

"陈超，你说为什么考试脑子会短路呢？"

"思维混乱导致纤维神经交织，信号传输网络进入崩溃状态，加上ATP（三磷酸腺苷）供应不足，因而出现短路。"

"……你要不要再给我来个生成ATP的方程式？"

"这不是生成ATP就能解决的，ATP只是解决这个问题的必要不充分条件。比较好的解决办法是：一、升级大脑系统；二、更换硬件也就是换个脑子。不过就目前已有的技术来说，第一种办法比较靠谱。"

把这段对话的截图给她们看的时候，她们满脸崇拜的神情让我莫名的好胜心瞬间膨胀起来，于是我信誓旦旦地开着语音对陈超挑战说："陈超，你等着吧，我会以自己最骄傲的姿态离开学校，就像你一样。"等我完全冷静下来的时候被自己吓出了一身冷汗。凭自己现在不上不下的尴尬成绩怎么敢对陈超夸下海口，好吧，这都是我突如其来的好胜心惹的祸。

"西边天晴东边雨。"在一旁看漫画的表妹突然喃喃道。

西边天晴东边雨。对的呢，就像西边天晴东边雨那样，有雨有阳光，就像刚开学时花木对我的灿烂一笑，就像陈超接下我可笑的挑战书还承诺着等我变优秀。

"今天是个好日子啊。"我盯着狂风大作的外面说。

"为什么？"

"因为西边天晴东边雨啊。"

玫瑰色的你

陆七月

放学后的教学楼，空荡荡的。

有人蹲在教室的角落里，捂着嘴巴，抑制着哭腔。

误入镜头的少年，大概是刚刚打过篮球，额头上还挂着汗。本来想一走了之，最后还是不放心地问了句："喂，你还好吧？"

最后一节班会课上，老班从上周卫生不及格跳跃性地说到上学期期末考试成绩有多么令他痛心疾首，最后"一锤定音"："你们把昨天的物理作业放到桌子上给我检查，没写的去后面站着！"这个叫林夏的女生貌似就是被罚站的人之一。

"老班今天有些小题大做，你也不要往心里去啦。"

却不料女生哭得更加悲恸。

在多番安慰无果的情况下，想起学校对面新开了一家奶茶店，"我请你喝奶茶，你别哭了好不好？"

男生含着可乐的吸管，"你好像总是一个人啊？"看似漫不经心的问话却打开了女生的泪阀，然后手忙脚乱地从书包里掏面巾纸。

"穿着老土，读英语的时候带着浓浓的乡音，同学谈论各种游戏和动漫的时候像个傻子，完全听不懂。"

"现在的生活与我之前的十六年完全不一样。"

"如果不是自己逞强要来一中，如果当初留在乡下的中学，也许一切会完全不一样。"

对上女生蒙眬的泪眼，男生想不出安慰的话。如果说女生是一本书，那么男生就是一头猪，你永远不要指望猪能够读懂书。

彼此愣了三秒，最后还是女生收回了目光。自顾自地嘲弄着："我和你说这些干什么，你又听不懂。"

"至少你还有我。"原以为是信口的承诺，迟早会变成一句空话，但是看见男生眼里的笃定和认真，内心翻涌出些许的感动。

橘色的阳光照在他身上，就好像整个人会发光一样。

"你那句话的意思是不是说，从今以后我不再是一个人了？"

以上的这些话，都藏在林夏的日记本里。

在一次次的接触里，发现女生比自己想象的要敏感得多。会因为同学一句无心的话难过很久，也会因为一道数学题没有做对而自责很久。很多小事，明明可以忽略不计，她却偏偏放在心里。有时候也会想要抛下她和她莫名其妙的忧伤一走了之，但是只要中午回到教室心跳就会明显加快，然后双脚不听使唤地来到她的身边。

"呐，又找到你了。"男生越过半米高的围栏跳到天台上，扬着下巴，语气里带着些许的自豪感。

只要中午的教室看不到林夏，那一定是她心情不好，如果心情不好她就一定会在教学楼的天台。其实一点儿技术含量也没有。

在她身边坐下来，然后从口袋里掏出耳机，一人一只。

"你知道吗？我不怕比别人努力，我怕的是我比别人努力却依然学得没有别人好。"果然和揣测的一样，是因为上午的数学考试。

"小夏，不如你把刘海儿修一下，嗯，这么长。"男生伸出手，撩起林夏遮住眼睛的刘海儿比画了一下长度，"我觉得会很好看哦。"

林夏脸上腾起一阵热，甩开男生的手，"你神经病啊！"

之后的话题就轻快了许多，从小时候以为春夏秋冬各一年说到初中的时候以为男女生可以同寝室。两个人笑啊笑，就忘了烦恼。

其实不开心的时候，大约陪伴比安慰更治愈一点儿。如果我陪你一起坠入悲伤的河流，那么谁领你回到快乐的大道？

尔后他愈加频繁地出现在林夏的日记里。

会耐心地为她讲解难懂的数学题，一遍一遍，却从来没有露出一丝不耐烦的情绪。

下雨的时候，他送她回家。她滴水未沾，他浑身湿透。

生日的时候，他送她一件蓝白裙，又带她去剪了头发，露出清凉的双眸。他说："夏夏你留长头发吧，我觉得会很好看哦。"

……

欲盖弥彰的小心思，在余温尚存的夏季发酵得越发甜蜜。越来越清晰的彼此，仿佛触手可及。

自从夏天开始就没有剪过头发，而是任由它生长。有女生说："林夏，你很适合留长发哦。"

变化的并不仅仅只是头发。

说着不那么标准的普通话居然也进了广播站，一声不吭地拿了省级数学竞赛的二等奖，整个人变得开朗，变得自信。

连曾经对她有些避讳的后桌男生也忍不住打趣：

"哎，林夏你是不是有个双胞胎妹妹啊。"

她抿着嘴，轻轻地笑。

曾经被身边的人嫌弃着，不讨人喜欢，更多的只是自己的臆想。从来不曾向任何人敞开心扉，兀自筑起的高墙，阻断了友谊。

日记本丢了。

林夏翻遍了自己的书包，同桌阮天蓝也敞开书包以示清白。最后甚至怀疑后桌男生在恶作剧，连并他们的书包一起搜了，还是没有找到。

林夏日记的封面上盛开着大朵大朵妖冶的玫瑰。那么花哨的日记本，如果夹杂在课本里是很容易被发现的。

后桌男生好心出主意："可能是班里谁不小心揣错了，要不下课我让大家都在书包里找找？"

"我想起来了，好像昨晚写完放在我枕头下面了。"林夏一拍脑门儿，立即引来后桌男生的鄙视。

没人看见她压抑在眼底的慌张。昨晚她就把房间里里外外找过了，那时候也没有过多担心，只当是遗忘在学校里了。

现在她最怕的情况发生了，日记本丢了。如果是钱包手机之类的物件丢了，还可以像后桌说的那样大张旗鼓地在全班地毯式搜查。唯独这本失踪的日记不可以。关于他的事情被她描绘得那么暧昧又直白，一旦内容泄露出去，她就很难做回自己了。

几天下来，日记失踪事件毫无进展。一方面她觉得似乎大家都很可疑，背地里悄悄议论她的事情。但是另一方面她又觉得是自己多心了，每个人似乎都很坦荡。

林夏食不下咽，夜不能寐，脑子里只剩下五个字：我要完蛋了！

林夏也没有注意到那本玫瑰色的日记本是什么时候回到她书包里的。展开，内页夹着一封信。

那封信让林夏觉得安心，信里说："我会替你守口如瓶。希望你真实做自己。"

是的，日记里的那个少年，从来就不曾存在过。

日记本的颜色有认真筛选过。玫瑰色，不真实的颜色。

其实那天她哭得梨花带雨，倒是有篮球少年怜香惜玉地上前想递上一张餐巾纸，最后也因为同伴那句"女孩子哭起来很麻烦的"而罢休。

心情不好的时候一个人坐在天台上，说给天空听。

下雨的时候，没伞的同学和有伞的结对而行。阮天蓝问她．"林夏，要不要一起？"伞下另一个女生看似无意地说着："伞好小啊，我们两个都很挤了。"

她轻轻地摇摇头："谢谢哦，不过我比较喜欢淋雨。"然后不顾众人的诧异迈进了雨里。脸上雨水成行。

又或者，在生日的时候，将存了很久的午饭钱，给自己买条蓝白裙子。轻轻吹灭蜡烛，对自己说："林夏，祝你生日快乐。"

没日没夜地学习，把自己深深埋在习题册里，累的时候就翻开日记，摸一摸那句"至少你还有我"，仿佛这样温暖的少年就在触手可及的地方。

……

或许每个女生都幻想过有个白衣胜雪的少年，温柔又耐心地对待自己，好得让所有女生羡慕和嫉妒。这是女生无伤大雅的小秘密。

风把窗帘吹起，林夏恍惚看见日记中那个白衣胜雪的少年，带着俏皮又温暖的笑容。

我可以编故事编得让自己信以为真，但是我不可以一辈子活在虚假的想象里。她冲他挥挥手：嗨，再见！

秘　语

骆　阳

几乎和所有女生一样，高中的这段日子，我深深地喜欢上了一个男生。

同学们口中的他不是最帅的，学习也不好，可是在我眼里他就是最完美的。我默默地喜欢着他，一天两天，一个月两个月……每一次偷偷地回头看到他大大的耳朵和白白胖胖的脸蛋儿我的心就狂跳不止。我知道这样很不好，每天尽量减少回头偷看他的次数，佯装心如止水地做着自己的事情，过着自己的生活。

夏天来了的时候，同班的女同学们都换上五颜六色的凉鞋和碎花的裙子。我也想像她们一样。可是到商场后我却犹豫了，摸着一件中意的裙子想，平时都是运动衣运动裤的，突然变换装束，同学一定会看出什么端倪。于是对售货员说："不好意思，不买了。"我低着头，迅速地离开商场，像做了贼一样。售货员在那里嘟囔着："买不起就别看那么长时间。"

我在文具店挑了一些笔，在柜台付账的时候，看到柜台旁边的玻璃门上挂着木质的英文字母，便迅速而且准确地挑出两个买到手，别在我的外套里面。远离家长的我，日子过得还算潇洒，没有家长寸步不离的监管，而且零用钱也还算充足。我知道，青春来之不易，我也应该努力地过好自己的生活。可是我发现我这些淡然的想法每当遇到他、看到他的面庞，就会全然消散。于是我寻找各种方法来麻痹自己，做比从前多很多倍的习题，听音乐听到耳朵痛，吃雪糕吃到拉肚子……

我第一次知道，原来喜欢一个人的感觉是这般的苦涩。有的时候也会想，我这么喜欢他，要不要告诉他，书上都说喜欢一个人要说出口的。可他是那么完美，他会画画，他长得可爱，他家境好，他有许多朋友，而我除了学习好一点儿之外，别无优秀的地方。我放弃了之前的想法，这样远远遥望其实也挺好的。

夏意越来越浓了，夜晚的寝室，静谧安详，我再一次想念他。明明刚刚不见他一小会儿，可是那心里的悸动仍旧让我不能入睡。我拿出小刀，在枕边的眼镜、我的耳机还有我的脚链上刻上了他名字的那两个字母。

夏天的琴键弹奏的歌曲伴着我小小的秘密一点点地向前飘荡。

秋季运动会，老师竟然强行给他报名铅球。老师说："不去扔铅球都白瞎你一身肉。"他不好意思地笑笑，脸上竟浮出一片红晕。我偷偷拿出日记本，写下："真的是每看到他一眼，都会更喜欢他一点儿。"运动会上，没有项目的女生负责给班上参赛的男同学送水。我拿着纯净水竟一时不好意思靠近他。看到婴儿肥的他，在那里费力向前投掷那个黑黑的铅球，但是铅球没有飞出多远。这时候，我的心里有暖暖的风和翻腾的海浪经过。他看到我来给他送水，连忙道谢，伸出黑黑的手来接纯净水。我实在受不了他那美好的笑容，递过去一包湿纸巾，慌乱地跑开了。

秋风恍恍惚惚地吹起，偶尔掉落的树叶四处游走，低声言语。我幻想着，他是不是也喜欢着我，只是也像我一样不敢说，允许我做做这样的白日梦。

事情在那天有了转机。他来找我同桌聊天，碰巧发现了我眼镜上的两个字母，当时他微微一愣。我头脑一热，顺势给他写了一张纸条。之前所有的隐藏、所有的坚持都在这一刻暴露无遗，但我却有一点儿期盼和欣喜。

秋已经很深了，天空还降落着小雨，学校那棵树叶近乎落光了的梧桐树下，他温暖的手掌拍了下我的肩膀对我说："没事。"

我一直在猜测着他的那两个字是什么意思。我的胆子越来越大，有机会便向他靠近。那天晚上我鼓起勇气，踮起脚，吻了他的肩膀。他推开我，说："我们只能是普通朋友。"

我笑了笑，说："那你跟我说的'没事'是什么意思？那你为什么让我靠近你！那你为什么不直接让我走开……"我问了无数个为什么。

他说："原来你和那些人一样啊，都是只会把所有责任全推给我。"

我说："你永远都不知道你这么说我有多难过。"

他说："别说永远，我只是不想知道。"

……

由于地震的原因，提前放寒假，原本二十天的假期变成四十天，同学们欢呼雀跃。可是我该怎么办？我回头看看他，又敞开我的外套看看怀里面别着的字母，幻想，这四十天你会不会想我呢？我笑了笑。怎么会呢？

几乎和所有高中的女生都不同，我是个不爱美的女生，留着齐耳的短发，一年四季只穿黑色的运动服，不保养皮肤，没涂过唇彩，更别说穿太短的裙子，不会用电脑，手机是六年前别人给的连照相都不能的诺基亚。别人怎么可能喜欢我呢？

大雪后，气温骤降，凛冽的寒风吹过眼前的世界。他高兴地离开学校，我想他肯定能过一个多姿多彩的假期。我望着他，对着他的背影窃窃私语。蒋轶，你知道我为什么把你的名字刻在耳机、眼镜和脚链上吗？因为我早已把你当成了我的耳朵、眼睛和脚。不过我只用它们听你的笑，看你的美好，走靠近你的路，就算只能这样远远地看着你，直到天荒地老。

树下有少年，亭亭而独立

暮浓城

早晨6点47分，澄然围着一条厚厚的围巾，背着书包，把全身裹得暖乎乎的，才敢出门。

外面有寒冷的空气，萧索的场景。许多穿着和她相同校服的同学也缓慢地从她面前经过，几乎都是成双结对，偶尔有和澄然一样落单的同学也是冷漠得不行。

澄然走在再熟悉不过的街道上，街两边偶尔有小吃店开张，其余的都是用冰冷的锁扣关上的店铺。高中时代的许澄然，和所有女孩子相同的一点就是——她们大多都会有一个很喜欢的少年。许澄然喜欢的是一个长得白净有着如墨一般眼眸的少年，笑起来有种春暖花开的感觉，温暖得能够入人心底。

有人曾这样问她："澄然，你也喜欢傅如墨吗？"

那时候的人大多脸皮很薄，所以许澄然很果断地摇了头，说："才没有，我才没有喜欢傅如墨。"

可是，的的确确，许澄然喜欢的那个有着如墨一般眼眸像是从山水画里走下来的清秀干净的少年，叫作傅如墨。那时候学校里还没有像现在网络上流传的"大众男神"这样的词语，如果有的话，傅如墨就是当之无愧的大众男神。至少每天追着他跑的小女生就有好多个。追截拦堵，几乎是所有小女生们最基本的招数。而且在几个中学里，关于他的名声和事迹也在初中三年里衍生了许多的版本。

澄然喜欢他，喜欢了许久。

无人知晓，在澄然入高一那年，走进附中学府里，第一个见到的人就是在榕树下的傅如墨。他的身影单薄纤瘦，低着头，手里拿着书，精致的面容，略微低迷的眼眸，统统都是可以俘获女生心神的必需品。澄然当时脑袋里就空得只剩下一句话——树下有少年，亭亭而独立。

后来澄然在班上交了一个好朋友，偶然提起傅如墨这个名字的时候，朋友说："傅如墨这个人啊，不仅少年老成，而且情谊深厚。"

当时澄然不知道这话是什么意思，后来的后来，她总算知道了。

澄然在高二和傅如墨有了交集。

那年她出落得愈发美好，喜欢她的人也很多。在一次学校总评上，澄然得了国家级奥数二等奖，傅如墨亲手将证书以及礼品递给她，末了他还说了一句："祝贺你。"温润的嗓音，犹如山水画一样的容颜，狠狠地将澄然的心底搅得天翻地覆。这就像是往平静的湖面投下了一颗不重的石子，却荡漾出了千层的涟漪。

至此之后，几乎所有人都知道了——高二3班的那个许澄然喜欢傅如墨。就如同澄然想象中的一样，这个消息一传出，许多女孩子立即将她视为公敌，群起讨厌之。可是澄然却不在乎，她可以在空暇的时间跑去图书馆，跑去离傅如墨最近的那个座位看书，有时候也会把不懂的题目向他提出。再后来，她和傅如墨成了朋友。

"澄然，你会和傅如墨在一起吗？"有许许多多的朋友都问过澄然这个问题。

澄然最开始只是笑而不语，或者说"不知道"，直到后来，她才很认真地考虑后说："如果可以，希望大学能够考到一个城市里去。那样的话，我就会和傅如墨在一起。"

可是澄然却没有料到，傅如墨会在高考之后被送去澳大利亚念书。澄然的那个好朋友得知傅如墨去了澳大利亚，没有任何惊讶的表情，而是镇定地笑着。后来朋友告诉许澄然："傅如墨喜欢的女生在澳大利亚。傅如墨从小和她是一个大院里长大的，两个人从小打打闹闹。许澄然，你没有见过平静骄傲永远都很沉稳的傅如墨会为一个女生气急败坏。"

是，她没有见过。

只是澄然觉得可惜，她还没有向傅如墨告白呢。

有许多朋友都通过各种途径安慰澄然："天下好看的男生又不止他一个傅如墨。"

可是，澄然却至今也忘不了，她年少时候，紧张地走进高中校园里，见到的第一个少年，站在榕树下，亭亭而独立。

暖 阳 无 声

祁 阳

　　十二月冬天萧瑟的风里，祁阳背着书包，双手插进口袋，阳光在他身上赖着不走。他是很喜欢这样的阳光的，暖和，平易近人。小夏在祁阳一旁叽叽喳喳地说个不停。祁阳转过头看着她，不说话。她用奇怪的眼神看着他，然后用故作害羞的模样大言不惭地对祁阳说："哎哟，别这样看人家嘛，人家会害羞的。"祁阳对她笑笑，不理她，往前走。她赶紧追上来，和他并肩。

　　"以后你自己走吧。"祁阳对追上来的小夏说，"无论放学还是上学。"

　　短暂的沉默过后，她低着头小声说："你有喜欢的人了吧？"像是在分享一个秘密。

　　"嗯。"

　　"所以要撇开我了？"

"嗯。"

"保证完成任务！"她笑嘻嘻地对祁阳说完这句话，转身离开。这次，她没有像以往每次分开，走几步就会回过头来对祁阳笑着喊"再见哦"，而是一直往前走，脚步平稳，没有回过头。

就这样，越走越远了吧。

其实很多人都知道的，小夏喜欢祁阳。小夏是个很活泼的女生，藏不住秘密。就在小夏神神秘秘地告诉好友这个小秘密而好友正在帮她策划告白计划的时候，小夏已经一个人提着书包风风火火地冲到祁阳的教室，当着众多同胞的面对祁阳说出那句曾经让多少男生女生藏着掖着最后导致思念成疾的"我喜欢你"，然后，某人清楚地听到了在场五六个男生心哗啦啦破碎的声音。某人自己也一时反应不过来，五六秒后，就可以看到一个男生提着书包快步走出教室，然后开始狂奔，还有一个愣在后面什么话都说不出来的女生。

这就是他们第一次相见的全部过程。

之后小夏就总在放学的时候等祁阳，前几次祁阳还有点儿不大习惯，几次之后也就习惯了这个没心没肺总爱傻笑的丫头。渐渐熟识了之后，丫头小夏蹬鼻子上脸直接叫祁阳上学放学路上也要陪她。让她没有想到的是一向冷漠的祁阳在第二天早晨真的听她的话乖乖地站在路口等她走上来，放学的时候也早早地从六楼下到五楼去等拖拉的小夏。

　　其实祁阳一直有个疑问，之前小夏总能早他一步在他要离开的时候准时出现等他回家，怎么现在拖拉成这副德行？于是祁阳在某一段放学的路上问她："小夏，你以前总能早早地来找我，现在拖拖拉拉的不像个女生啊。"然后小夏就带着一脸欠抽的微笑对他说："唉，这不是有人等我了嘛。"祁阳做恍然大悟状："哦，那以后不等你了。"小夏依旧是一脸欠抽的表情死命地晃着祁阳的胳膊说："唉，别嘛别嘛，有话好说嘛。"可惜祁阳不领情，拂袖而去。

　　然而第二天，祁阳还是乖乖地站在路口等小夏，还附带了一个微笑。小夏兴奋地奔过去好像饿虎扑食。祁阳无奈地摇头，心里想这丫头还是没个女生样。

　　剪影是两个人并肩去学校的美好画面。当然小夏比起祁阳来说是有点儿矮，不过按小夏对好友的解释来说，身高不是差距，距离才会产生美。

　　说实话，小夏在男生中还是挺受欢迎的，她活泼开朗的个性会给人一个很好的印象。当然，也只有爱安静的祁阳在被她的耍无赖气到什么都不能做的时候，心里才会萌生想要掐死她的念头。有人想要对小夏蠢蠢欲动的时候，小夏总会第一时间拖出祁阳，告诉那些人自己名花有主了，那些人就会像怨妇一样一脸幽怨地盯着祁阳离开。这一招小夏屡试不爽，只是可怜了一旁默默无闻的祁阳。

有一天祁阳心血来潮问小夏："你为什么喜欢我？"小夏大大白了他一眼说："你真不害臊，这种女孩子最不好意思说的秘密你也好意思问，喜欢就是喜欢啦，有什么为什么。"祁阳在心里给了她一个大大的白眼，心想这丫头这么不害臊还敢说别人。祁阳转过身看了一眼橙色的天空，云慢慢地飘着，像靠不拢的心。

"你说要是以后我有喜欢的人了你会怎么办？"平稳的话语听起来不像是疑问。

"我当然还是一直赖着你啊。"

"小夏，我是认真的。"男生转过身来对着女生说，"你要认真地说。"

"认真的啊……"女生思索了一会儿，然后用极认真的表情对男生说，"嗯，如果祁阳你真的有一天有喜欢的人了，那你就不用陪我走那段路了。"祁阳被她认真的表情逗笑了。小夏看他笑了以为他不相信自己，又伸出尾指信誓旦旦地说："我没骗你，不信，我们拉钩。"祁阳看着她无比认真的样子，也学她伸出尾指，对她说："好吧，满足你的愿望。"

可惜，尾指相连，生命线近在咫尺却不曾交错。

是谁说过的，谁先心动，谁就输了。那么，输的是小夏，还是自己？祁阳在问自己。时间飞逝，他和小夏越来越熟悉。从她第一次在自己面前出现就对自己说了一句"我喜欢你"，再到后来一起并肩上学放学，一起在学校空旷的草坪上看夕阳缓缓沉入地平线。

可是最后，自己却心动了。

看着小夏没有回头地一直往前走，想着明天和以后也许难得再碰一次面。

是谁，明明喜欢的人在眼前却告诉她自己有喜欢的人了？

是谁，说过只要自己有喜欢的人了就会自动离开？

在十二月的暖阳里，就这样，越走越远了吧。

陪伴是最深情的告白

邵 华

第一次见你，你在黑板上写着字，笔道遒劲。

后来我们成了朋友，才知道你从小学开始练毛笔字，楷书、行书、草书、小篆，你无一不通。

在羡慕嫉妒恨的同时，我央求母上报了书法班，兼学国画。我把第一次写的作品给你看，忘了你的属性是腹黑加毒舌啊。你狠狠地嘲笑了我一番，然后又自恋地仰头说我又不像你那么有天赋。

看着你臭美的样子，我竟然会觉得那时的你很帅。一定是光线的问题，你的侧脸逆着光线，睫毛投下浅浅的阴影，怎么可能会不帅？为了以后不遭你嘲笑，我拼了命地练习，一天一张，到后来的一天十张。努力没有白费，我写的行书都快要赶上你的水平了。我得意扬扬地挥着字帖在你面前嘚瑟。你哼哼唧唧地说你还会楷书、草书、小篆，我还要练上个十万八千年才会赶得上你。我"啪"地一下拍在你的头上，说："姐天赋异禀，不出十天半个月就会赶上你。"你笑嘻嘻地说："你可别吹啊，过两个月就是红五月了，现场书画比赛，算我下的战书，接不接？"我一昂头，"接了！"

在你面前夸下海口，心里没底的我愈发勤奋地练习。一天三张楷、行、草、篆。晚上练得实在困了洗把脸继续练，第二天就顶着熊猫眼去上学。你看见了就笑我："哎呀，要不算了吧，你赢不了我的。"好强的我怎么会放弃？只有继续练习。

红五月前有一次期中考，考试前一周我慌了手脚，一个月来，我只顾着练字，弃学习于不顾。你知道了，每天带上参考书教科书，拉着我去小区前的咖啡店里复习。咖啡店里有柔和的光和缥缈的音乐声，灯光照耀下我发现你是真的很好看，眼睛深邃，微长的斜刘海儿，只是嘴角老是邪气地弯着。

我好像有一点儿喜欢你了。

期中考来了，又过去了。

成绩出来那天我悬着的心终于落下了，不好不坏，三百多一点儿的名次。

你在我耳边唠叨着，说你是我的救命恩人，要我好好地谢你一下。我白了你一眼，说："如果不是我聪明，一周的突击复习时间够吗？"你气哼哼地骂我忘恩负义，我觉得你炸毛的样子就像小动物，便说："好吧，待会儿请你吃冰淇淋。"你顿时开心了，拍着我的肩说："这才对。"

如果我知道请你吃冰淇淋会让你认识沈娜，那我宁愿被你骂忘恩负义。

沈娜，三班的文艺委员，与我们同届。琴棋书画样样不在话下。她不算特别漂亮，但是气质型的，还是学生会的风云人物。

后来问你为什么会喜欢沈娜，你支支吾吾半天才说，当时你一进店，就看见她坐在最远的角落，微微侧着头，你觉得她那个样子特美好。

听到你这个回答，我假装要吐，说你装什么文艺小青年啊，心中却在苦笑：我在你身边陪伴了将近五年，从初中到高中，我们却还是不温不火的朋友关系；而你对她，只一眼，就喜欢上了。也许这就是所说的，确认过眼神，遇上对的人吧。

冰淇淋店的偶遇后，沈娜很快就融入了我们的朋友圈。原本只是我们俩一起吃饭、上下学，如今多了一个她。我觉得有点儿不爽，连续好几天不理你。

你从朋友那儿得知我生气的原因，放学后买了我最爱的鱿鱼，笑着说："放心啦，我不是重色轻友的人，不会有了沈娜就不要你的。"我在心中暗骂你笨，我是因为喜欢你才不想沈娜加入，才不是怕你重色轻友呢。

可我害怕我说出来之后我们连朋友都做不成了，不如就以朋友之名，在你身旁。

红五月到了。

现场比赛是第一次，我有点儿紧张，你在一旁斜眼看我说："嘁，瞧你那紧张的小样，再看看人家沈娜。"你的手一指，我就看到了窗边的沈娜。她安静地坐着，没有半点儿紧张的样子。

我没好气地说："是是是，她比我好多了。"你好像察觉了我的语气有问题，嬉笑着问："怎么，你吃醋了？""吃什么醋，姐好酱油。"我白了你一眼，把墨研好。

时间一分一秒地过着，比赛也将近尾声。不巧，在我写好署名的时候，检查的同学走过，撞翻了墨汁，写好的《玄秘塔碑》就这样被毁了。

我面无表情地收拾着东西。沈娜其实在一入学就喜欢你了，只是你一直没有注意她。她向朋友打听了你很多消息，知道我是你最好的朋友，在冰淇淋店，根本不是偶遇。

你蹲在我前面，帮我收拾着东西，一直没说话。你知道我很好强，比赛砸了，肯定很难受。收拾完了，你说："要不去吃油炸吧，校门口那家。"我点头说："好啊。"

校门口那家油炸店，是红姨开的，我们一直在那里吃油炸，跟红姨都很熟了。你点了鱿鱼、土豆、鸡翅、鸡腿和青菜，顺便还点了碗泡面。

我指着你说："哎呀夏涛，你点那么多不怕好身材没了吗？"你白我一眼说："林安然，我把你那份也点进去了好吗？今天你心情不好，我请客。"

你说："不用太感谢我哦，我们是好兄弟嘛。"

是啊，我们是兄弟，但你是我最喜欢的少年啊。

下学期我们即将升入高三，再一次的抉择就快到了。夏涛，你会选择去哪所大学呢？无论你选择去哪里，我都会是跟你一样的选择。如果我们注定不能以恋人的身份相处，那就让我以朋友之名，伴随你到天涯海角。

是谁说过，陪伴是最深情的告白。

生 日 快 乐

掏　空

你上高中了。

如果忽略不计疯长的思念，我好像真的有轻松了那么一点点呢。

比如，再也不用担心被你撞见神经大条的我不顾形象地哈哈大笑了。再比如，在没有你的校园，也就犯不着刻意早走故意停留预谋邂逅了。

6月4日，还是过去了。

还好，生日一年也就只有一次，不然我可经不起这样的折腾。

在四个月前，2月14日，玫瑰大涨价普通人也都大掏腰包的那天，既是情人节又是元宵节的那天，不喜甜食又没男友的我只能过星期五。

下午放学回家，路过一家精品店，脑袋一抽，空着口袋就想进去凑凑热闹。

我一眼就看中了那辆复古的木制汽车模型，然后在0.0001秒后，一个弯也没拐地想到了你。

只是，我们又不是恋人，买下它做甚！

"老板，有没有科比卖？"我边东张西望，边冲柜台那儿收钱收到笑都不自然的老板喊了一声。

"……卖不起……"老板呆了那么一会儿才应我。

"哦，是泥巴做的科比。"

……

我眼珠子不转都感觉得到就那么一瞬间，所有的焦点都集中在我身上！哦不，是那个愚蠢的脑袋上！

谁叫一想到你就会条件反射地想到你的偶像科比呢！男神的男神，你可把我害惨了。

都无地自容了，还是先撤吧！

"那就要那个最酷的木制汽车模型了！老板，帮我包好，我回家拿钱！"

然后，我全然不顾老板和顾客们惊愕的表情，边喊着"包得帅一点儿啊"边奋不顾身地向家的方向冲去。

一路上，除了风声在耳边呼呼地响，脑子里想的全是你打开包装后激动的表情。还好那面红耳赤乐呵呵傻笑的样子没有让别人看见。

抱着礼物回家的感觉真是倍儿爽！我乐滋滋地想着：这就作为四个月后那小子的生日礼物得了。

多正当的理由！

三个月前，邮差又将一本《中学生博览》放在我家门口。洋姐又在"破壳日快乐"栏目上"唠叨"了："不留阳历生日日期，洋姐可不给登的！2月1日—3月1日之间洋姐收的是对5月份过生日的人们的祝福……"

5月份？哈哈，那就有劳姑娘我再为你准备个礼物了！

我立马冲上楼开电脑写邮件，我才不会告诉你我还临时去找度娘要了洋姐的邮箱呢！

总觉得这样太不吸引洋姐眼球了，于是又在接下去的两周接二连三复制粘贴发了好几封。

本以为这事就这么过去了，谁想到那天翻小博的时候，竟然看见那条有点儿矫情的祝福刊出来了呢！

真的上了，就在邓紫棋封面的小博上！就在第十六页！

你没看见我哈哈哈哈笑了一周，大家都只顾着说我像个傻子，也不担心我哪天一口气提不上来就挂了。

5月20日，空间里各种秀恩爱各种吐槽各种埋怨。距离你的生日只有十五天了。

5月30日，我兴冲冲地跑去跟以前的后桌"预订"手机。我想零点发祝福嘛。

6月3日，市质检结束。

6月4日，等到了零点，我给你发了好长的一段话。

我说，纵使是生日快乐被说了很多遍，我也还是要再说一遍，生日快乐亲爱的！我说，未来的路还很长，我想陪你走下去。我说，早点儿睡吧，明天还要上课呢。

你知道吗，第二天中午我在家里做作业，一不小心就睡着了。那天中午第一节课是物理课，被罚站了。我还乐呵呵地笑：没事，你的生日一年只有一次。

我知道我们不可能。你有了女朋友了，好像是你追的她。你们的情侣头像、情侣网名好耀眼！你不知道吧，昨天有人向我表白了，我真羡慕他的那份勇气，那份在青涩年华里我没敢有的勇气。但是我说我有喜欢的人了。早知现在我心是你，当初就该一见定情。

去年我的生日，你连理都没理我，就算我苦苦哀求你送我一句祝福你也没有理我。你说我是不是就注定是个笑话，可有些人就那么轻易地得到了我苦苦追求的东西。我特嫉妒那些人，但是我也知道，有些东西是我嫉妒不来的，比如，你的好、你的笑，还有你。

"得不到的永远在骚动，被偏爱的都有恃无恐。"

小明是个悲伤的孩子

王小棉

小明长得不高，一张娃娃脸，之所以叫他小明，是因为他的大名里面有一个"明"字，而且，他外表看上去也的确是小小的样子。

小明酷爱电子产品，他是我们班上第一个拥有充电宝的人；他的小台灯是触屏的；他的手机换得很勤；他还买了两只低音炮，有时会拿到教室里来给大家嗨。总之，小明就是个"土豪"，而我最喜欢做的事，就是抱"土豪"的粗大腿。王小棉有句很经典的名言：跟着小明走有肉吃。

小明还是我们班上杂货最多的人，什么胶水、双面胶、胶棒、剪刀、订书机一大堆乱七八糟的小工具，别人也就只有其中一件或两件，小明却全部都有。于是，我便成了长期找小明借东西的人之一，反正小明什么都有，找小明就对了。后来，为了感谢小明长期以来对我无私的赞助，我还亲笔为小明题了几个字——小明杂货铺。

我不知道小明是从什么时候开始喜欢M的，只记得似乎在很久很久以前就有人说小明一直喜欢着M。我想M应该不喜欢小明，因为M从高一开始就有男朋友，她是个不能缺少男朋友的女生，可是小明不是一个适合当男朋友的人，因为他长得就不像个男朋友的样子，倒是更像数学应用题里那个老是做些不可理喻的事的"小明"。

可是，应用题里的小明什么怪事都做尽了却从来没有谈过恋爱，不信你回家翻以前做的卷子，哪一道应用题里小明牵过小红的手？他只会做些怪事来为难大家，或者陪着小红一起做怪事。比如，两个人在操场上走，一个先走一个后走，一个快走一个慢走，就像两个精神病，而这么做的目的却是为了让你计算他们什么时候能够相遇，你说他们是不是不可理喻？

我虽然是一个特别八卦的人，可是愿意和我八卦的人却不多，大概是因为人缘不够好，性格也不够开朗。我是在高三的时候才知道原来小明真的喜欢M，而那个时候，差不多全班同学都知道这件事了。因为老是有人会讨论，小明今天又给M送什么东西了，M又收下了。他们得到的结论不外乎：小明真是呆瓜，M明显就不喜欢他，他还这样固执；M真是过分，明明不喜欢小明，还要收下小明的礼物，给人家一个念想又不给人家答复。

可是，我总感觉小明这样做不是因为傻，M也没有他们说的那样讨人厌。

我是在深冬的时候才注意到M的水杯盖和抱枕的，因为以前没有人跟我说那是小明送的。现在那种塑胶水杯盖在我们班上很流行，很多人都有这个东西，起初大多数人的水杯都是没有盖子的那种，周洁是最开始使用的，大家都感觉很新奇，无奈学校外面没有卖的。后来，M也有了那个盖子，听说是小明在网上买的。而抱枕，那是南方孩子冬天上课必备用品，且不说上课时候睡觉不盖被子会着凉，就算是为了学习大家也会去买一个，透骨的湿冷是会影响学习的，所以，你看小明多贴心。

听别人说，M其实拒绝过小明的礼物，好几次小明给她买的东西都被她拒收了，可是小明似乎真的很固执，也可能是他的钱确实太多花不完。说M不对的言论很多，有些极端的甚至会在背地骂她。反正一致的观点就是，不喜欢别人就不要收别人礼物，给人希望又不给人肯定回答的人最可恨。

我想，这样的言论对M是有影响的。

有一次，我去找小明借订书机的时候，在小明的抽屉里发现了一瓶玫瑰护手霜，粉红色的包装，上面还有很多玫瑰图案。

我就问小明："这护手霜是你的？"

小明说："是啊。"

于是，我就开始疯狂地嘲笑他："哈哈哈，小明你可真'精致'。"

小明没有搭理我，只是猛地伸手打算从我手中夺回护手霜。还好我行动敏捷，小明抓了个空。我打开护手霜，闻闻味道，光是这磨砂的包装材质就已经让我爱不释手，护手霜的味道又是我平日喜欢的那种，作为一个冬天买好几支护手霜的达人来说，此刻，抹一抹这护手霜便是我最想做的事了。

我跟小明说："小明，你把护手霜给我抹点儿吧。"

小明说："不行，还给我。"

我说："我就是要抹。"

小明再次伸手来抢，他的语气有些生气了，他说："还给我，不能用。"我只当他是开玩笑。

我说："我偏要用。"虽然嘴上是这样说，可是却没有真的把护手霜挤出来，我其实也只是想逗他玩。

结果小明的语气更加严肃了，他声音低沉地说："还给我！"

他的话里传来的冷气让我感觉到似乎是玩过了，本想低头认错得了，结果嘴巴里蹦出来的话却是："我就不还！"还一边说一边把护手霜挤在手上，我知道，我肯定是做得过分了。

果然，下一秒，小明很粗鲁地把护手霜从我手里抢走了，是完全没把我当个女生的那种粗鲁。被小明这样凶，我的脸上也有些挂不住，只能一边猥琐地抹散手上的护手霜，一边嘀咕着小明真小气。

结果小明就趴在桌上把头埋着，不再作声，像是哭了。

我知道自己做错事了，赶紧跟他道歉，可是他一直趴着没理我，我只能灰溜溜地回到自己的座位。

我对后桌的陆旋说："小明被我弄哭了。"

陆旋说："小明是个悲伤的孩子，我不喜欢看见别人欺负他。"

我以为她是在责备我，只能没底气地回道："我也不是故意要欺负他的。"

她说："我说的不是你，你知道我在说谁。"

我愣了愣，然后哦了一声，说："我知道。"

陆旋说的那个人是M，那瓶护手霜，是小明送给M的，可是M没有收，小明就把它放在自己抽屉里。我明白自己做了什么错事，想要道歉又不知道该说什么，我看了一眼趴在桌上的小明，眼睛里突然酸酸的。"小明是一个悲伤的孩子"，陆旋的话又回响在我耳边。

我鼓起勇气走过去向小明道歉，他已经抬起头来了。我说"对不起"，小明开玩笑地说"知道对不起了啊"。之后又似乎什么事都没有发生一样，之前那个对我生气的小明又变得和善了。他脸上并没有哭过的痕迹，可是我想，他趴在桌上那一会儿应该是真的流泪了，也许只有一滴吧。

那之后，我好像有点儿明白为什么M不喜欢小明还收下他的礼物了，或许这样，小明会比较好受一些。M不是他们说的那种女生，我知道的。只是因为小明喜欢一个人的方式有点儿奇怪而已。

后来，毕业聚餐的时候，不知道小明跟M说了什么，把M弄哭了，我们都只是看着也不知道要怎么安慰，只有打打闹闹地说着："小明，看你干的好事。"

现在，小明在复读，马上又要高考了，听说小明的成绩变得很好，他应该不再是那个悲伤的小明了吧，谁知道呢？

哦，对了，M也在复读中。

你说，这就叫成长

我本楚狂人

难得休息的周末，告诉自己要好好睡个懒觉，醒来的时候却不过7点。拉开窗帘，没有温暖阳光。

薄雾，微雨，是个散步的好时机。

撑着伞走在路上，人不多，平日热闹且拥挤的街道显现出它宁静的一面。戴着耳机漫无目的地走着，内心澄净安宁，满足感强烈。

发现自己不知不觉走到曾经常来的地方时，愣了一愣，环顾四周，景色依旧，只是物是人非。心中不知是什么滋味，寻了个遮雨的亭子坐下来，闭上眼靠在柱子上，任凭脑海中回忆风起云涌，与理智兵戎相接。

似乎青春期的叛逆来得早了些，所以，待人家觉得正当青春年少，应该疯狂一把时，我已经折腾不动了。

每当放假待在家中看书写字时，家人总会说上几句，譬如"放假就该放松放松""找个朋友出去玩玩"云云，末了还总是加上一句："十几岁的孩子，偏偏生出几十岁的心性来。"

我得到的都是侥幸

她——是我的挚友。曾经。

从小学开始，我们就是同学，但我是个沉默寡言的人，可她很是开朗，这样相反的性格，很难让我们有什么交集。

改变，源于五年级的暑假。那时学校组织去北京参加一个活动，而我的名字也莫名其妙地出现在名单上。那次要离家一周，在此之前我从没有一个人出过远门。

坐在火车上，周围吵闹的声音让我有一种疏离感，我有些茫然地看着这些熟悉或陌生的面孔，心中惶恐却又不知道为什么。直到夕阳揽尽最后一抹余晖，星星在夜空中追逐吵闹，内心最后一丝假装的坚强也散去，泪水再也忍不住，我知道我想家了。我小声哭泣着，突然感觉到有人握着我的手为我擦去眼泪，在我耳边轻轻说"别哭"。

没有人喜欢孤独，在最无助的时候，谁都希望有个人可以陪在身边，给自己依靠和温暖，在我最需要人陪伴的时候，她出现了。

她陪在我身边，给了我最大的安全感，因为有她，我才知道友情是如此的温暖。那时没有闺密这个词，但即使现在，我仍不愿用这个词，因为它不足以来表达我们之间的友情。

他——是我的少年。曾经。

只叹得一句缘深若此，从小学到初中，他不离不弃地当了我九年的同桌，搬了两次家，他仍光荣地是我的邻居。

不知道，这是不是就是所谓的青梅竹马。

犹记得，临近中考的时候，模拟考失利所带来的烦闷心情无处发泄，借口生病向老师请假，逃一般地离开学校。没有回家，一个人坐在河边，偶尔用力向河中扔几个石子，泛起一圈又一圈的涟漪。起身准备离开时，却看见了身后的他。

一切似乎和往常一样，我们沿着河边慢慢地走着，默契得谁都没有说一句话。直到快要走到河尽头时，他忽地停下，看着，表情还是悠然自若，只是声音分明有些发颤，他说："我已经站在你身后够久了，以后，我想站在你身边。"

尚且年少的时节，不大分得清什么是习惯什么是好感，但回忆起来，依旧是舍不得遗忘的美好。

我失去的都是人生

只是，这与青春有关的友情和爱恋，注定会以时间的飞逝无疾而终。

高中，我们三个人上了三所不同的学校。

学业繁忙，每日见面最多、关系最亲密的怕是只有试卷了，难得一次的放假连用来好好睡上一觉都觉得奢侈，这样的我们，还有什么精力放在被老师定义为浪费时间的事情上？

再见她时，是在春末夏初的校园里。彼时，校园的樱花开得依旧热闹，风吹过，花瓣在风的陪伴下翩翩起舞，很是惊艳。

而我看见的那一幕，是我无法忘怀的记忆。

她穿着一身灰色的运动装，在满是校服的校园中异常显眼，站在樱花树下，微仰着头，不知在想什么，些许花瓣落在头发上她都未察觉。我站在不远处看了一会儿，心却疼痛起来，此时的她显得那么孤单，身为朋友的我却不知道能为她做些什么。

我上前拉起她的手，轻轻拂去落花，彼此陷入长久的沉默，直到上课铃声响起，我准备离开时，她才紧握住我的手，轻声说："不知道为什么，突然就那么想看到你，真是越来越矫情了。"还没等我说话，她便推着我离开。

进教室前的一瞬，我回头看见她离开的背影，明明是温暖的天，却生出凉意来。

后来，她在QQ上写道：所谓永远，只是一瞬；转身以后，咫尺也天涯。

可曾经，天涯于我们而言，也不过咫尺。

人群涌动的街上，一眼就看见了他，那个我曾经喜欢过的少年。现在，可能不该再称作少年了，他穿着一件卡其色薄棉衬衫，隐约透露出健硕的身形来，一条亚麻色的七分长裤显得他身材颀长，有那么一瞬，觉得自己好像不认识他了。

等他看见我时，拿着可乐的右手微微一滞，越来越近的距离，却在面对面时擦肩而过。我停下脚步，不敢回头，因为我知道，不会再有个少年站在我身后，为我停留。

后来，在他的朋友处得知，他高一下学期因为成绩优异，被学校保送到外地学习，我知道这个消息的时候，他已经在外地学习将近一年了。别人都知道，唯独我一点儿也不知情，忘记那时的心情是怎样的了，好像除了失落还有一丝释然。

回忆戛然而止，既然时间已为我们写好了结局，那么，我的挚友，我的少年，就此别过了。

睁开双眼，不知何时雨已经停了，胸口落了一片枯黄的树叶。

果真是，天凉好个秋。

折纸里的青春痕迹

夏帕没密码

流萤回雪

在所有女生都开始暗恋别人的时候，夏帕不敢。她的日记本里没有任何秘密，夏帕没有密码。

小学六年级的一个中午，老师把成绩排行榜贴到了教室的后面，等夏帕从家里吃完午饭回来，看到自己的名字用桃心圈了一个圈。午后的太阳像个烤炉，弄得夏帕的脸没法再更红了。

"嘿，苏东，我偷偷问问你，你看到这是谁画的了吗？"

"我告诉你一个秘密吧，我刚才偷偷看到，是王小乐圈的哟。"

一颗种子埋在了夏帕的心里。王小乐是班上学习最好的男生。夏帕觉得自己有一个天大的秘密，一个美好得要命的秘密。但夏帕一见到王小乐就偷偷躲开，眼睛瞄向相反的方向。

谁知道，半个学期后——

"喂，夏帕，我告诉你，那不是王小乐画的，是我的恶作剧呀。"苏东有一天看到夏帕瞄着王小乐，忍不住说道。

你能懂得一个小女生的愤怒和失落吗？

六年级的花朵谢去，初一的夏天迅速到来。每个女生都开始八卦别人的时候，夏帕不敢。夏帕的眼睛里没有任何秘密，她认为自己收不起任何秘密。

他们说夏帕是奇怪的女孩儿，体育课时所有女生都在为王小乐欢呼的时候，夏帕会把头扭到相反的方向。

她淡淡地说："学习好有什么呀。"

夏帕的冷漠没有道理。夏帕把成绩超过了王小乐。

她当时估算出如果要超过王小乐，从数学和英语增分是不可能的，只能从死记硬背的文科项目上多下功夫。

别人都看到了夏帕淡定地从讲台拿走考试卷的场景，没人知道她每天为了多把知识点背诵下来，在黑黑的天，在沉沉的夜，4点钟就起床了。

拿卷子时，王小乐多看了几眼夏帕。夏帕对他一眼不看。

夏帕要转校。她和爸爸讲，自己当了第一名，就没有什么拼搏的动力，要换一个有点儿竞争力的学校才行。夏帕和同学说"拜拜"的时候，也拒绝了一起去唱KTV的邀请。他们都说，夏帕真是个没有感情的机器，一点点都不念旧。

夏帕的眼睛瞟过苏东，眼睛里有一点点怨恨。

夏帕的眼睛也瞟过王小乐，她心想："多谢啊，没你，我才不想当第一。"

新的学校里，重点班。她穿一身黑的旧衣服，垂着头，坐在不显山不露水的座位。没有新同学来八卦她，这个女孩儿和班上的别的女孩儿差不多，只留简单短发，只穿校服，话很少。

重点班的课间，基本没有人聊天，大家都坐在座位上一动不动地学习。

重点班的宿舍生活，半夜有人学习累了开始睡觉了，又有人已经睡完了要开始起床，这就是把起早和贪黑连在了一起。

一个闷热而烦躁的夜晚，夏帕给王小乐打电话："喂，你现在多少名啊？"

王小乐说："第一啊。可是，你总分多少呢？"

夏帕的总分比王小乐低一点点。

"夏帕，你不要太累了，你在外，要多注意身体啊。你看看表，都几点了。"

夏帕还是把自己弄病了。第N个早上4点起来的时候，夏帕产生了短暂的脑缺氧，躺在地上抽搐起来。同学把她送到了校医院。

醒了的夏帕看着窗外的天空，城市的污染让天空很少遇到湛蓝。她试着抬起一只胳膊，发现虚弱到极点，微微使劲都是吃力的。

爸爸走了过来，他和夏帕说："医生说你精神压力太大，我和你妈妈商量了一下，还是回到原来的学校吧。"

夏帕回来了。每个课间里，同学们聊天，夏帕不理会，低着头做功课。

尽管在外面上学的时间并不长，但是在夏帕的心里，仿佛过去了很久似的。她还是保持着重点班的学习作风，只不过晚上不会那么晚睡觉，也不会那么早起床。

曾经，有人说夏帕是个学习机器，后来，他们说夏帕的情商为零。直到最后，夏帕都不怎么被人谈论了。她的分数就在那里，高高在上，她的人也就在那里，默默无闻。

直到一个课间，王小乐走到了夏帕的面前。"夏帕，把你们重点中学的月考卷子拿出来给我看看好吗？肯定和我们这里是不一样的。"

夏帕翻了翻抽屉，把卷子给他，说："看后记得还我。"而这，几乎是夏帕回来后和别人说的第一句话。

夏帕走了出去，她站在教室走廊的阳台上，望外面广场上四月长风里的风筝，它们轻轻飘着，如同没有思路的云。

在这个时候，她突然又想起去年了。想起去年她拿了第一后走下讲台时，王小乐的眼神。那是很干净的表情，没有皱眉头，也没有微笑。她不知道他在想什么。然而，夏帕却对自己说：

"王小乐也许和风筝一样，没有思路吧。"

"不对，是我也不敢猜，他能有什么思路啊。"

"当别的女生都有带锁的日记了，我都还没有呢。是的啊，我能有什么秘密呢。"

她把视线从风筝那边拽过来，就看到王小乐拿着一张语文卷子站在自己的身旁。"嘿，夏帕，你居然会在作文里写我。"

哎！这个春日，夏帕永远都忘不掉。这一天，她穿了一件白色衬衫，一条棕色短裙，一条黑色打底裤；这一天，有人放风筝，风往南吹；这一天，作业留得不多，广播里没有什么出奇的新闻；这一天，有一个男生，看到了自己内心深处的秘密，而且正是关于他的秘密。

如果说初一是苍白的灰，那么初二就是轻松起来的绿，而初三就是紧张的红，可怖的红，热烈的红。夏帕偶尔扭过头来和王小乐说话，讨论的也都是不会做的题目。日子如同平淡的生活剧一样循序渐进。

许多年后的夏帕回忆起这段日子，那时王小乐在武汉念书，夏帕在北京念书。王小乐给夏帕打电话说："你真是一个很奇怪的女生，六年级时，别人的谎话你能相信半个学期；而初二，别人的真话，你能不信一年。"然后夏帕说："我不是不信你，我是觉得，我发现了一个可以完全信赖的人，这令我太激动，也令我觉得有些可怕。"

当年，王小乐看到夏帕在作文卷子里写了自己以后，他对夏帕很认真地说："其实，我们是很相像的人，很容易相信别人的话，又很容易质疑自己，表面上没有一点点秘密也没有一点点表情，其实是压抑了太久而已。夏帕，我挺高兴能看到你写我的这篇文章，因为我能够因此发现，这世界上有一个和我很相像的人。"然后，夏帕抢过来这张卷子，慌里慌张地跑回了教室。

总而言之，初三的时候，一年里，两个人的日子过得沉默无比。

直到有一天，班主任把王小乐和夏帕叫到办公室里。班主任说，校里有两个保送市一中的名额，决定给王小乐和夏帕。末了，又说："到了重点中学，夏帕不要再太拼命了，王小乐呢，你多照顾一点儿她吧。"

初三就这样结束了。像水的开端，云的过程，火的结局。

暑假开始的时候。夏帕还是和同学们一起去爬山了。

篝火的夜晚，每个人和每个人都坐得紧紧的。不知道是谁，开始说起了王小乐和夏帕的名字。在那片星子下，他们好奇地说，为什么这两个人又是前后桌，又都是学习那么好，怎么会一点点八卦都传不出来呢。

王小乐就那么突然站起来，要为夏帕唱一首歌。

他唱完了说："亲爱的夏帕，你是一个好姑娘，可是亲爱的夏帕，其实你可以变得更好一点儿。在未来的日子里，我希望你能放轻松，在未来的日子里，我们可以做更好的朋友。我永远记得你那篇作文，你说你想成为我这样的人，可我要告诉你，我一直很喜欢你这样的人，和你是不是女生无关，也和你跟我关系熟不熟无关，我就是天生喜欢你这样的人。"

然后他走了过来，拥抱了一下夏帕。

曾经夏帕一直觉得自己的额角有一根毒刺，这刺让她不敢见人，这刺让她觉得自己很不好。可这一个拥抱，把这根刺融化掉了。夏帕把脑袋放在王小乐的肩膀上，在火光里看到了遥远的星光，和夜晚大山起伏的脊背，就觉得这个世界好得不能再好了。

那些自卑、那些束缚和那些拘谨，其实都和那个已经忘掉长什么样子的名叫苏东的人无关，其实，这都是青春里敏感而独特的心事啊。

幸好遇到的是一个叫作王小乐的男生，幸好一个叫作王小乐的男生是比较懂自己的。有的时候，什么话都不用说，那些知心人，能够彼此听见。

我们不用赘述高中的事情，我们只需要知道，大学他们没有在一起上。

小时候读的童话里经常说，"王子和公主幸福地生活在一起"。其实完全没必要，只要知道，这个世界上有一个知道自己所有密码的人，一个能够交心、把所有心事说给他听的人，这就算很幸福了。哪怕是只有这么一个。

折纸里的青春痕迹

果 舒

如果不是看见了那瓶装满纸星星的许愿瓶,我会以为我像风一样飘过了我的中学时代,什么痕迹都没有留下。你猜,瓶子里总共有多少颗星星?

三百六十五颗!刚好可以许一个愿望,我折了整整一年,每天一颗。若你不小心把纸星星捏扁了,想拆开来重新折,就会发现我藏在折纸里的秘密——每一张折纸都被我写上了字,每一句都是我的思念与祝福。

小学的时候喜欢上一个男生,上初中后我们却不在同一个学校。很多人都会在新的环境里喜欢上新的人,那时候的我以为自己也不会免俗,刚开始的思念只是对过去的不舍罢了。没想到思念却愈演愈烈,泛滥成灾。

我想,这可不好,各有各的生活了,各自的世界也不一样了,不可以再有这种暧昧的想法。我拼命地镇压内心里的兵荒马乱，但心的执念却不容劝说，思念总是不听话地自己跑出来，到处搜寻他的影子。

也许，是因为我还没有遇到比他对我还体贴的男生；也许，是他说话的声音太过好听而我刚好是个声控；也许，是那天天太热我的心在他帮我补习的时候不小心跌进他抬起头时如一潭汪泉般的眼睛，清爽舒服的感觉让我一时沉溺，不想起来……也许都有吧。竟然控制不了自己，那就继续想念好了，他不会知道，我也没有因为一个简单的思念让地球停止转动。不是每个人都那么容易在年轻的时候遇到自己喜欢的白马王子，既然遇到了就该做些什么，就算是个思念也聊胜于无吧？

光有思念，却不找个东西让它安个家，会感觉怪怪的。思念无处安放才会东奔西走，到处乱闯。纸星星就是在这种契机下来到了我的生活中。无须工具，一双手就好；不用费力，折纸随处可买，书店抑或是饰品店里到处都有；折法简单，也不费时。

我每天只折一颗，并在折纸上写下一句想对男孩儿说的话，折好后把星星放在手心里，双手抱拳抵在胸口许下心愿——关于男孩儿的心愿。然后把星星放进特意买来的许愿瓶里，把瓶子放在床头，伴着嘴角扬起的满足感微笑着安然入睡。

韩寒说，喜欢就会放肆，而爱是克制。我的思念，仅此而已。

时光的脚步走在一点点变满的许愿瓶里，思念在一颗颗的纸星星里接力传递。直到许愿瓶再也容纳不了下一颗星星，直到我心满意足地愿意把我的思念全装在瓶里密封保存。

其实瓶里的星星远远不止三百六十五颗，我选出最好看的三百六十五颗重新放进许愿瓶，把其他的纸星星分别装进了几个塑料瓶里，带到海边抛向了远方。男孩儿跟着父母去了另外一个地方，不知道那里是不是也是一个海滨城市，也许有一天男孩儿去海边散步，其中一个装满思念的瓶子就刚好顺着海浪来到了他的脚边。

男孩儿会惊讶，有个女孩儿喜欢的男孩儿的名字竟然跟自己的一模一样。

嘘！纸星星你不用告诉他，他就是女孩儿喜欢的那个人！

清风响暖，岁月流苏

骆　阳

　　星期日。我站在毅然宿舍旁的枯树下冻得直跺脚。当夹杂着落雪的寒风拂过宿舍大门时，毅然从白茫茫的风里走过来。他穿着一件恨不得垂到膝盖的黑色大衣，给人一种笨重却又踏实的感觉。看到我，他咧嘴一笑，明媚如同盛夏的日光。当初很多时候是因为他的笑，我才肯收下他伸过来的右手。

　　他把原本插在衣兜里的手拿出来拉住我。我们踩着反射着清晨光芒的积雪，穿过巨大的操场，坐上公交车。在车上，他找了个话题和我闲聊。我不太想理他，目光游移到窗外。

　　"怎么了？不舒服？"他的长睫毛忽闪了两下。

　　"好不容易星期天，你还磨磨蹭蹭的。"

　　远处山包上的树木被初升的太阳映得迷离。公交车车窗上的霜曲折成妖娆的花朵。

"嗯……"他支支吾吾很久没说出来一句完整的话。

我不想再逗他了，"今天去哪条路？西巷还是江铭？"

"西巷吧。很久没去了。"

"好的，听你的。"

"我就知道你没生气，小骗子。"

公交穿行在宁静的清晨，我看了看毅然泛着红的脸，僵硬地笑了笑。

西巷路上，车少人稀，白雪软软地覆盖着。我们在路边的一家商店买了许多吃的。顺着商店走了一段，就看到它们朝我们跑过来。毅然拿出事先准备好的保鲜盒然后把刚买的牛奶倒了进去，接着打开罐头，剥开香肠……

我看着它们吃东西的样子心里充满了温暖，我想毅然也一样吧。可是我没有看到多多。我呼唤它的名字很久，可它依旧没有出现。"就算翻遍整座城市我也要找到它。"我小声说着，快要哭出来。这时候我看到毅然皱了下眉头，不知道他什么意思。

我们在西巷路找到中午，没有找到。又去江铭路、雨宁路、上鑫路……

"别找了，它很可能死了。"

我听到毅然说完这句话，夕阳就完全陨落，只留下一抹模糊的幻影。

"不。"

"不回去自习了？还有半年就高考了。"

"那你先走，好学生。"

"我觉得你不应该把时间都浪费在那些流浪猫身上。"

"那你的意思是要浪费到你身上？"

"我是说现在复习才最重要。"

一辆辆闪着灯光的车子飞快地划过我们的身旁，呼啸的晚风、降落的雪花使气温陡然狰狞起来。

"我们分手吧！"我们对视着。一滴眼泪迅速地滑过我的脸颊。我也不清楚为什么而流泪，是我的猫还是他。毅然欲言又止，看看我，转身离开。

第二天，5点钟，我醒过来，就再难入睡，翻开手机看一眼日期，距离高考刚好二百天。寝室到处堆着复习资料，对床室友的枕边摞了一大堆卷子，用没有盖上的中性笔在她脸上画了个圈。窗台上摆放着前几天才死掉的花。那盆在野外挖回来的花我至今叫不上名字。当初我把它带回寝室它还很精神，像个正在读小学的小女孩儿，很招室友的喜欢。那都已经是刚上高中的事了。

渺茫若无的晨光躲在灰墨色的山的背后，那远处围住这座小城的山已不是山那么简单，在我眼里，至少它还是一条分界线，今天的和未来的，憧憬的和安于现状的。

起床，洗漱，走出寝室。毅然仍旧如每个上课日一样，站在那棵高大的梧桐树下等我上学。

"怎么穿得这么少？"他的语气更像是责怪，然后眉头皱了皱。

我们并肩走向食堂的方向。厚厚的积雪被风一层层剥离开来，肆意飞舞，遮拦视线。这一次，他没有拉起我的手。

毅然，现在的你是否知道其实我并不喜欢你。

如果你还不知道的话，那么你真傻。

一年前再向前一些。十月的天，神清气爽，我和他踩着刚刚旋落的树叶安静地漫步。有我陪着，他十分高兴。因为他喜欢我。别人说爱是一种玄妙的情感，不可以轻易定义，也不能轻易地说出口。可是我依旧觉得我把他和我用爱这个字连接起来相当准确。

我在他面前喋喋不休地抱怨数学老师的大嗓门儿和化学老师出题总是变态的难。他学习很好，听我这么说却也不反对，还和我一起吐槽。

今天是周日，他本应该去补习。我说最近心烦，他便推迟了上课时间来陪我逛公园。

我又说我想回家睡觉，他也不生气，嘴角扬了扬说："好，我送你。"

我们出了公园，拦了出租车。路过一家酸奶店的时候，我看到冼翊和一个女生在那家店门口说说笑笑。我对司机大喊"停车"，车子停下来后我朝他们跑过去，毅然紧跟在后面。我从那女生身边走过，故意撞掉了她手里的酸奶，然后我们就稀里糊涂地吵了起来……

冼翊看了看我，摇摇头，一副失望的样子，然后带着那个女生逐渐消失在我的视线。几许单薄的秋风悠悠地吹走了他们的背影。我把头转向毅然："你不觉得悲哀吗？"

我这个问题让他摸不到头脑，他疑惑地看着我。

我别过头去说："至少我不会为了你去和别的女生作对。"听到我的话，他的眼神应该很落寞吧。

我望着冼翊离开的方向有些懊恼。不是因为我的形象在他面前毁了，而是我开始拼命地想他，想到心烦，想到想要撕破眼前所有的东西。

我突然想要去追冼翊。我挤过人群，风开始在耳边呼啸，太阳和云朵似乎也跟在我的后面奔跑。像是陪伴，又像是嘲讽。

那时我又突然想起初中。冼翊顺路载我回家。我坐在他的单车后座，抓着他的衣角，那天他穿了一件素气的白色毛衣，他的刘海儿随着秋风的翅膀轻轻跳舞。我想说"喜欢你"，却没勇气开口。

"你喜欢什么类型的女生？"我刻意用一种轻松的语

气问他，让这个问题听上去更像是一种稀松平常的玩笑。

"嗯……善良的吧。"他顿了一下然后说。

我心想，真好，他没有说要十分好看的，善良这东西应该可以学习的吧。我们微笑着，单车划过彼此的十五岁。而我就一直因为那个秋日黄昏的单车，幻想着我的爱情，一直苦苦地追逐着它，就像今天这样，我不顾一切地奔跑、飞蛾扑火般地追逐。

和我一样有另外一个白痴，他竟然喜欢我，真可笑。我到底哪里值得他去喜欢？

更可笑的是我们两个白痴还天天在一起。

和毅然走进食堂，他伸出手帮我拍去肩膀上细碎的雪。

这时，我却看到冼翊，他一个人在一个靠窗的位置默默地吃东西，我看得出他眼里有那么一丝的寂寥，却还是那样帅得没救。我没管毅然，径直地走过去，坐在了他对面。"女朋友呢？"

他往嘴里灌了一口粥，看了看我，没有回答。

"别难过，比她好的很多。"

他含糊不清地说"嗯"，声音小得好像什么都没说一样。

这时候，我的开心无以复加。

离开食堂的时候，雪下大了，厚重的枯树枝在我们的头顶轻微地晃着。

我直截了当："我们还是分手吧！我根本不喜欢你，你还弄丢了我的猫。"猫丢了显然不是他的错，可我却赖给了他，看，我现在多卑鄙。

毅然停下了脚步，蹲下去，在那里一动不动。我长长地做了一个深呼吸。不登对的我们终于结束了。

现在，我很好。冼翊常常答我的话，他看我的眼神竟也温暖，这些都使我心起波澜。

圣诞节快到了，我要送他一条围巾，我要送他一条亲手织就的。我躲在班级最末排的一角，一边胡言乱语地附和着老师向全班提出的问题一边左一针右一针。同桌总是被我扎得神采飞扬，不打瞌睡。

距离圣诞节还有两天的晚上，我织好了一条浅灰色的围巾，在橙黄色的灯光下，它显得异常动人。同桌看着我坏坏地笑，"都高考了还弄这东西，给谁弄的啊？"

"不告诉你。"我冲他欠扁地笑，心里美滋滋的。

"我先走了，拜拜。"

当我整理好书包准备回寝室时发现班级只剩下了我，一个人关好灯锁上门，背着围巾走出教室。

路上，我边走边欢快地听自己踩踏雪地的声音，甚至还和起歌。突然有个熟悉的身影出现在我的身边。

"怎么才出来？"

我听到他浑厚的声音，脑袋有些轻微的眩晕，头脑一热，扯住了他大而细腻的手。

他没有反抗。

行道的松树投下参差的暗影，细小的雪花飘过昏沉的路灯微微地闪烁起来。我看着他俊俏的侧脸，完整地沉浸在这明暗交织的黑夜。

男生宿舍楼下，他对我说再见后转过身准备进宿舍。我喊住他。

他收下了我递给他的浅灰色围巾。我羞红着脸，一直低着头不敢看他。我想，我得到他了吧？

圣诞过去了。为了迎接新年的到来，学校和七中联合举办了一场冬季马拉松。

这天。天气晴朗得放肆，太阳被冬天的风吹得遥远，却依然散射着坚毅的光芒。

我一步步在厚厚的雪地里奔跑，幻想着自己能够飞翔，能够脱开这沉重的世界，哪怕做一片薄薄的飞雪、一缕无人知晓的风。耳畔不停地回响起洗翊的声音："我只是不想让喜欢我的人太难过"。

这时，其他人轻而易举地超过我。身边的冷风猛地凛冽起来，天地明媚地散放着白光，我有些睁不开眼睛，可还是努力地笑了笑。

远远地看着他们跑过终点线，我本想也努力地跑过去，可是眼前的世界开始翻转起来，好可怕。

混沌中，我听到了毅然的声音：

"谁以后要再欺负陈曦别怪我不客气！"

"小曦，哥给你买了巧克力。"

"小曦，就是他抢了你的水彩笔吧？"

……

睁开眼睛才发觉自己躺在雪地上。心情复杂地跑到终点，记成绩的说"你是最后一个"，我没管，问他男子组谁最快。他说是陈毅然。

记得那是初中二年级吧，他获得代表学校参加全市长跑比赛的机会。比赛那天早上，他本来马上要出发的，偏巧我在班级和同学打闹弄伤了脚踝，他不顾所有人劝说非要亲自送我去医院，趁班主任没在，在一片尖叫声中抱起了我，说："他是我小妹，你们叫什么叫！"

到了医院他也不肯走要在我身边陪我，因此错过了比赛和中考加分的机会。如果那次我不找麻烦他就去重点高中了。

从小我们就是邻居，从小他就对我好，他让我叫他哥哥，他奋不顾身地保护我。

后来，他也一直都在，我矫揉造作不可一世的时候，我黯然失色天理难容的时候。

现在，我也终于给我自己下出了定义：自私，贪婪，不可挽救。

表彰大会上，毅然接受了校长的颁奖，却一直皱着眉头。

春节放假前的最后一个周末，我照常去喂小猫。路上，我想，从前就因为洗翅的一句话我就去救助流浪猫真的是太做作了。

和往常一样，我在小商店里买了吃的，然后熟练地打开包装袋，装进保险盒，安静地看它们填饱自己的小肚子。不一样的是这次没有毅然陪着。

我跟它们道别，转身离开。轻薄的风把世界吹拂得微微晃动，细腻的阳光紧紧地贴在路边的枯树上面。毅然站在不远处，咧着嘴巴朝着我笑。

我走过去冲他说："跟屁虫。"

我走在前面，毅然走在后面，雪地"嘎吱嘎吱"地响，我偷偷地笑了。我故意拖延时间最后用余光瞥到了他的出现。还好，他出现了。

幼儿园的时候老师分橘子，我的吃完了吃毅然的，他的也吃完了他就耍赖再跟老师要；小学时，一个冬天我们偷偷跑去郊外的河上玩，毅然为了给我捞掉进冰窟窿的手套差点儿淹死；初中的时候我在课上和同桌聊天被老师骂，毅然急得站起来顶撞，被老师叫出去罚站……

这些我怎么可能忘记呢？

当黄昏的最后一缕光芒也消失殆尽，我揉了揉酸胀的眼睛，合上书本。手机收来毅然的短信："老地方看烟花。"打开衣服柜子，找出初三那年春节毅然给我买的大熊猫卫衣，裹上它。稍微有一些小了。

我骑着单车，穿着微微散发着霉味的外套，在冬天的风里飞翔。耳机里是张绮雅的《十指相扣》："冬天的黄昏中/风竟然吹得温柔/你总是站在我身后/我总是不回头/那一次的十指相扣/是我说冷/你来问候/一直没有说出口/不需要问候……"

颜海广场。毅然倚在广场一角的一棵梧桐树下，和平日里等我上学的样子没有区别。

看到我，他开心得像一个孩子，帮我放好单车。他指了指旁边，"你看我们今年的烟花最丰盛。"我也开心地笑了，"嗯。"

我们抱着烟火向广场中央走，这次烟花就像毅然说的真的很多很多，我们就好像是刚刚偷了玉米的黑熊在回家的路上，样子一定滑稽得很。

人群中。毅然他高高的个子很出众，脸上一直挂着笑容，略长的头发挡住了左眼角从前因为给我"报仇"而留下的伤疤。

我们挤过了人群，爬上阶梯来到广场中央，也是整个颜海最高的地方。

点燃几簇烟花，它们迅速地升上夜空绽放，平日里漆黑的夜空此时明亮如昼。毅然的脸也被映得光亮，他看了看天空，又看了看我，大声地说："马上就要考试了，好好复习，上个好大学。"

我听到他的话认真地点点头，说："嗯，你也是。"此时的世界轰烈喧嚣、人声鼎沸，他好像没有听到。

我拉过他的脖子，贴在他耳朵上大声地说："你知道吗？现在我还是喜欢冼翊，那是我心底的声音。"

他看了看我，大声地说："我知道。"

我又拉过他的脖子，大声地说："你知道吗？我一直都把你当成亲哥哥。"

他用指尖轻轻地掐着我的脸，说："我以为你很讨厌我，我害怕你讨厌我，你这么说我就放心了。"

"对！我讨厌你！跟屁虫！跟屁虫，放完烟花我带着你去我家吃饺子。"

"为什么是你带我？还是我来带你吧！"

"从小到大都是你带我，这次换我带你。你也别在这儿装绅士，刚才让我抱那么多烟花！"

"我故意的，大熊猫。"

明艳的烟火划破浓厚的黑夜，人潮中我们一起欢笑、一起蹦跳，高兴得就像我们的小时候。

我拿着一个小灯笼在前面跑，毅然在后面装妖怪捉我还假装追不上，我们嘻嘻哈哈地走过一个又一个春节。他也把这种欢乐带到了我平时的生活。直到后来我们都长大了，即使我伤害过他，他也依然保护着我，依然想尽一切办法让我快乐。

当所有的烟火都幻化成烟归于平静的黑夜的黑暗，我们也离开广场。

我哪里载得动毅然那个大个子，毅然载着我，背对着颜海向生活延续的那一部分行驶。

遗失的风筝

萌某人

1

记忆里一直生活在这个四季分明冬季寒冷干燥、夏季高温多雨的北方小城市，寒假即将结束，步行街的风刮得人头痛。

无奈，坐公交车回家。路过大桥，一辆铲土机在桥底下作业，好像要填满河床上不平整的沟壑。河床上还有一个妇人，推着车子，车上挂满了风筝，大大小小，五颜六色。

忽然失落起来。卖风筝的人还在，却没有愿意放风筝的孩子了。

那年，我和博楠花了五角钱买了一个纸做的小风筝，拽着短短的线，就在这座桥底下疯跑了一下午。而她爸爸的红色夏利一直停在桥上等我们。那年，我们都是没钱的孩子，都有着工作稳定、生活努力的父母，我们是同桌。

她爸爸当年的夏利车，启动时会往前抻一下，像一头快死了的公牛。当然以我当时的智商，几乎没有注意到。

那几年我们都是小孩子，心思不多，心眼儿也不多，偶尔会比比成绩，吵架后也总不会超出一个小时就和好，人生最大乐趣就是偷着买袋垃圾食品然后再买块糖蒙骗父母。

那时，世界在我们眼里很纯净，没有耐克，没有奥迪，当然也没有香奈儿。当年的我也真的相信，友谊可以天长地久。

还有我的班主任是真心喜欢我对我好。

2

大人说，孩子总会长大的，尤其是有人刺激的时候。

博楠爸爸来我家接她的时候，我很讶异，因为他的破夏利没跟来。再后来我明白了，这个世界比夏利好比奥迪好的车有很多，例如博楠的爸爸刚开走的那辆，当时觉得像一头豹子，过了很久，在她爸爸又换了车后，我才认识那个车的牌子——保时捷。

而她也慢慢变成豹子，我一点儿也没察觉。就好像你以为你只是养了只长得像豹子的萨凡纳猫，等到它张口咬你时，你才明白，它是食肉动物，善于隐藏，会咬人的。

我不否认我嫉妒她，但是在她把香奈儿香水放在我面前轻蔑地说"你认识吗"之后，在她跟我炫耀衣服的标签之后，在她用轻描淡写的语气说她爸爸不用上班之后……我开始躲着她，像一只小老鼠。老鼠也有老鼠的骄傲，我的骄傲不允许我离她那么近了。

我的爸爸只是一名普通老师。

突然开始莫名地讨厌起爸爸来。当时我十三岁，还没到叛逆期，就明白拼爹的好处了。我连带讨厌我自己，为什么没投好胎。

然后我转学了，不是因为受不了她，而是因为我搬家了，搬到了一个大而明亮的房子里面。到了新学校我才发觉，爸爸是副校长了，他也很能挣钱的。

很久之后跟爸爸说当年的感受，爸爸笑得前仰后合，一副很快乐的样子。

他说，你总是后知后觉。

3

再看见博楠，是在初中开学的第一天。我们分在了一个班，同桌。

我们的情况调换了，她一副灰头土脸的样子，而我是学校领导的孩子。

她看见我，很兴奋的样子，"噔噔噔"地跑过来说："你怎么都不给我打电话啊，我都可想你了。"

我愣了，然后拉起她的手，干巴巴地说："毕业班，我们竞争激烈，挺忙的。"

她哈哈地笑起来，然后把我拉了进去。老师在上面很严肃，她在下面小声说："终于可以换班主任了，我一点儿都不喜欢原来的班主任。"

我惊讶地说："小学时的班主任对我不错。"她歪着头看着我，撇着嘴，过了一会儿轻声说："她对你好是因为她是你爸爸的同学，你爸妈……请她吃过饭的。"

我瞪大眼睛。

她苦苦地笑起来。"我们心里当然不平衡了，凭什么你是红花，我们……"她把头拧过去，过了一会儿，她低低的声音传过来，"就得是绿叶哪？"

我彻底傻了，然后站起来大吼："你胡说！"

一抬眼看见班主任难看的脸，才想起这是班会。开学第一天，我就搅老师的局，我想就是从那时候开始，初中班主任开始不喜欢我的吧，即使我成绩很好。

在那个初中学习的两年是我目前为止的人生中最黑暗的两年，我在那段神经质的青春期里，叛逆，张狂，自私，自以为是，和班主任在班级里拍桌子。

博楠父亲早已不是有钱的商人，破产后的他无力支付女儿的高消费，于是她变得朴素，淡定，努力学习，并且处处和我比。而我是校领导的孩子，我可以胡闹，可以混，只要成绩好。我当时就是这么想的。

她私下里问我："你爸爸是不是给你泄露题目啊，要不然你怎么考得那么好？"我想都没想就推了她一下。结果是我被罚在楼梯口站了一下午，吹风吹到感冒去输液。

回到班级里就是各科老师找我谈话，班主任语重心长地跟我说："你父亲一辈子教书育人，最大的失败就是没教育好你，你这么聪慧要是有博楠一半努力就好了。"

我扭头就走，摔门而去。我在学校里不听课天天玩，回家要是也不学习，我的成绩是抄来的吗？

恰巧老师就是这么认为的。

一次考试后，老师给我打电话，问我的成绩是不是真实的，因为那次考试我坐在博楠后面。我那时像一只炸了毛的小狮子，挂了电话开始大哭。我不是当年自卑的小女孩儿，我现在骄傲得不允许别人怀疑我。

现在想想，觉得当年的自己很可笑。

那个电话之后，我变得有些神经质了，每天的情绪都在崩溃的边缘，谁一说我就会歇斯底里地大哭大吼，讨厌我的人越发讨厌我。

4

人生总是充满意外。

我摔伤了。原因是同学拽翻了我的椅子，我重摔在地上，尾骨骨裂。

可以休息了。

人在安静的环境里总是会想明白很多事情，我忽然明白老师为什么会打那个电话，因为有人告诉她，这个人是谁，答案呼之欲出，我很难受。

我的爸爸妈妈与此同时也很难受，因为他们不知道是谁把我的椅子拽翻的。

班主任满口答应要全力调查，可是后来同学告诉我，她就问了十分钟，什么都没查出来，就淡定地继续上课了，她讨厌我到一定程度了。

我问同学："她问什么了？"

同学支支吾吾地说："问你们小组的人了。"

解释一下，我们是分组学习，六个人的桌子是拼在一起的，我们是第一组，我在靠墙的位了。摔伤的时候是在上自习，就算我没看到，我们小组的人也一定看到了。再补充一句，第一组的意思是，我们是全班前六，都是品学兼优的好孩子，除了我。

我问同学："他们为什么不说？"

折纸里的青春痕迹

同学回答："怕挨打。"

那个推我的同学很有"势力"，在这种"势力"面前，我平时的阳光快乐和对他们的好变得不值一文。

我追问："那博楠哪？"我们是七年的同桌。

同学叹了一口气说："你还对人家那么好，人家根本不把你当朋友，老师下了课单独问她，她都不说。"

我知道了，挂了电话，心中有种很苦涩的感觉，这就是孤独吧？

我想起小学时我替她出头的样子；想起前两天别人偷偷议论她不好的时候，我替她解释、维护她的样子；想起那次推了她之后，低声下气地道了好几天歉的样子；想起每年精心给她准备的生日礼物；也想起她对我的好，还有那只该死的风筝，小小的，纯净的颜色淡得几乎看不见了……

还是静静地养病吧，收敛收敛性子，多看看书。

5

我又转学了。

怯生生地走进新班级，意外地看见了小学转学后班级的班长。他当时正偷偷地往同桌的裤子上画画。看了看我，激动地一把握住了我的手，说："恭喜你又找到组织了啊！"

我笑了。

真的挺开心的，就好像阳光照进来一样，你身上都暖起来了。

因为班级的主心骨是太阳，照得班级都纯净起来，像那个小风筝飞过的蓝天，我的心也随即明媚起来。我走出了阴暗的青春期，也从心里放下了博楠。

这场病让我在最重要的初二下学期缺课五个月，成绩自然也下来了。第一次考试后，爸妈的脸很难看，我知道他们远没有我这么豁达，我是他们的独生女，他们需要我的优秀来向原来的老师证明。

我走的时候，博楠的父亲请我们家吃了一顿饭，她刚刚考了全校第一名，而我只是徘徊在全校四五十名的孩子。我知道她全家在炫耀，我云淡风轻地笑，我没有那么骄傲和敏感了，我接受她的炫耀。

餐桌上，她瞅瞅我，很小声地说："你好吗？"

我看着她，盯着她的眼睛笑了笑。

6

我顺利地进入重点高中的重点班，不顾全家反对学了文科。我要顺着自己的心走。博楠也学文科，她是以我们学校分校重点班进入的。

我一直就不是一个认真学习的人，初中毕业的最后一个月，我还在课上躲在班长的背后偷吃同学给我的饼干，或者和好朋友在课上偷偷聊天，甚至在历史课上看欧洲杯，因为荷兰队输了比赛我在课堂上哭了起来。

我庆幸遇到了宽容的老师，他们包容我的个性，也接受我的学习方式。

高中的班主任是个长得和蔼的男老师，会开玩笑说我心比脸大，我就哈哈哈地笑。

偶尔也会和博楠聊天，她一如既往的优秀，但远比我认真努力，她喜欢看古装的电视剧，喜欢李元芳，喜欢扣肉和鱼香肉丝，这些细碎的东西，我都记了很久。

在我的记忆里，她一直是我最好的朋友，最起码在我最过分的时候还会管我让我好好学习。没有人再那样了解我了，打开礼物盒能让我惊喜的人只有她，因为她能猜出我想要的。

有次网上遇到，我跟她闲聊说哪个男明星长得帅，她说："你不是喜欢炎亚纶吗？"那是我很久以前讲的事情，我到现在也喜欢他，她都记得。

也许我眼中的她或者她眼中的我都跟自己心里想的不太一样吧。就好像现在，堵车的时候想了那么多，卖风筝的大妈早就走远了。

我们的时光，连再见都不愿意说，就头也不回，就这样马不停蹄地走远了。

下着雨的夏天

梦小半

序

那些年，你们并不知道什么感觉才叫真正的喜欢，你们就以朋友的身份，一直在彼此身边，陪伴了最美好的一季时光。

昨　天

阿左的声音从窗子外传进来的时候，小杓正窝在沙发里，叼着蓝莓味的棒棒糖，在看电视屏幕上的那个因为喜欢而变卑微的女生正努力地变优秀。阿左站在楼下一声接一声地喊："小杓，你出来啊，我们去踏青。"

然后小杓趿拉着棉拖鞋，披头散发地趴在窗台上，冲着楼下只穿了一件小夹克的阿左喊道："你脑子进水了吧。踏青，冻死算了。"

那一年，小杓和阿左是初中部的毕业生，六月的脚步声已依稀可见。但是日子依然以阿左的"小杓，你出来"为开头、以小杓的"阿左，你个傻帽儿"为结尾，在嬉笑怒骂中，中考显得不值一提，而时光就这样飘忽而过。

倒计时一百天是个特殊的日子，因为铁人阿左病倒了，四十度的高烧。小杓放了学颠儿颠儿地跑到阿左家里看望病号的时候，却看到病号正坐在电脑桌前优哉游哉地在网络游戏里血拼。据阿左邻居的大叔大妈们回忆，那一天，阿左家里传来高达五百分贝的河东狮吼。内容如下："阿左，立刻给我滚到床上去，脸都烧成猴腚了，还敢跟电脑辐射玩亲密接触。你个大傻帽儿！"

轰轰烈烈的六月酷暑过后，学校特善解人意地举行了一个毕业典礼。在大家抱在一起哭得稀里哗啦的时候，小杓看到自己一直很喜欢的那个帅哥牵起了另一个女生的手。

小杓泄私愤地哭得很大声顺带用光了阿左递过来的一大包纸巾，末了还加上一句："阿左，你看看你的眼光，你喜欢的女生勾引了我相中的帅哥，要不咱俩凑个对儿得了。"阿左特鄙视地瞥了小杓一眼，幽幽地道："抱歉，我不喜欢养老虎。"小杓听后淡淡地答了一个单音节：

"哦。"N秒后，操场上响起了小朾的大嗓门儿："阿左，你活得不耐烦啦！"

进 行 时

高一，分班，排座位。小朾盯着前座阿左的后背，半晌才咕哝出一句："见鬼了，我上辈子是造了什么罪大恶极的孽。"

阿左的声音从前面闷闷地传过来："我肯定上辈子也遇见了你，所以这辈子遭报应了。"

小朾坐在后面翻了一个大大的白眼。阿左却突然转过身来说："要不咱俩真凑个对儿吧，省得把罪孽遗留给下辈子。"小朾瞟了阿左一眼，然后义正词严地说："同学，我这辈子不是开精神病院的。"

上了高中，小朾的口头禅变成"啥"。

高一第一次期中考，小朾从年段三十名掉到七十名，然后被班导师揪进办公室进行了思想上的全方位轰炸。

回到班级之后，看到阿左幸灾乐祸的笑眼，小朾一扫之前的晦气和沮丧，愤愤地喊道："阿左，你怎么可以还是前二十，这世道太不公平啦。"

阿左说："小朾，你小声点儿。还有，你要原谅自己的智商，上天赐予，这是无法更改的事实。"

小朾说："啥？少生点儿是啥意思？"

阿左翻了一个大大的白眼之后，用黑色碳素笔在方格纸上一笔一画地写：小杓是个大笨蛋。

小杓又怎么会不知道，阿左努力让自己开心、好重整旗鼓的心思。

可惜真正爱开玩笑的，是生活。

高一下学期开学之前，小杓的父母由于工作关系，双双调离了这个北方有雪的小城。小杓的学籍一瞬间调到另一个陌生的南方城市。走得太匆忙，小杓只来得及草草地跟阿左说了一句再见，阿左也只来得及送了小杓一本叫作《小王子》的书。

南方不下雪的那个冬天，小杓因为不适应南方的温暖生了一场大病，发了高烧。小杓在迷迷糊糊间做了一个很长的梦，梦里，有北方纷纷扬扬的漫天雪花；梦里，有一个男孩儿站在远处向小杓挥手；梦里，小杓在飞雪中向男孩儿跑去，但跑到那里，男孩儿却不见了。醒来以前，小杓听到有人在耳边轻轻地说："小杓，你出来，我们去踏青。"小杓努力地想要醒过来骂对方一句："你个傻帽儿，现在去踏青，冻死算了。"但当小杓奋力地睁开眼睛，素白色的病房里只有刺鼻的消毒水的味道陪伴自己。

下着雨的夏天

后来小杓才知道，那一年父母骗了自己。举家搬迁到这里，其实是因为小杓生病了需要来这里治疗。小杓的脑袋里长了个坏东西，影响了小杓的听力和记忆力，所以小杓才会大嗓门儿才会一直觉得记忆里有什么重要的东西被自己弄丢了。

后来，十七岁那一年的某个夏日午后，小杓在整理书籍的时候，从一本《小王子》里掉出一张褶皱了的方格纸。纸上遒劲的黑色字迹有一股莫名的熟悉感。小杓看着看着，就在日光中，狠狠地哭了，泪水浸润了纸张的每一个角落。

后来，小杓在这个温暖的南方城市参加了高考，因为记忆中的北方情结，报考了一所北方大学。

九月，小杓踏上向北的火车。火车轰隆开动的一瞬间，小杓的眼泪倏地滑落又倏忽不见。耳机里男生干净地唱："十七岁，下着雨的夏天……儿时的玩伴和回也回不去的昨天……我想你会忘了我的好，走过陌生的街角……你用校服的裙摆，和我说最坚定的再见。"

尾　声

风乍起，方格纸被折成纸飞机带进了风里。

风看到男生的字迹——或许，傻帽儿阿左是很喜欢笨蛋小杓。小杓，你一定要好好的。

风也读到女生的回答——对不起，小杓忘记了阿左是谁。但是请相信，小杓没有忘记喜欢过阿左。

风中，女生向着北方细碎的阳光微微眯起眼眸。

都是为了爱

陌安凉

1

可依一放学就风风火火跑到我们教室，也不看历史老师还在跟我们讲战斗英雄黄继光用身躯堵住敌人机枪射口，她也糊里糊涂地往枪口上撞。"陌筱柒，你给我死出来。"全班顿时死寂，除了我一个人恨不得往地缝里钻，其他人目光齐刷刷抛向沐可依。

最后历史老师恼羞成怒，想罚可依却因不是我们班的学生而罚不得，所以他干脆把矛头指向了我，理由是我——陌筱柒同学怂恿外班同学扰乱课堂，要我上交一份三千字的检讨书，要求书写整洁，不能有半个错别字，连同符号一起算要三千字整，不能多也不能少。于是，全班同学抛在可依身上的目光转为愤怒后，又同情地齐刷刷抛向我……

那天我和可依蹲在梧桐树下演经典剧情《对不起，我爱你》。

我说："可依，你这次要我死出来是要干吗？"

刚还一副"筱柒我错了我对不起你"的样子的可依一下子热血沸腾起来，随之变得很羞涩："那个……"

"哪个？"

她突然间两只手像螃蟹一样死死地钳住我的肩膀，还使劲地摇。"筱柒你认识洛安格对不对？你认识的对不对？"

听到"洛安格"三个字，我的嘴角立刻弯起一抹漂亮的弧度，可看到面前两眼放光的可依，我的脸就莫名其妙地沉下来，"你打听他干吗？"

"姐姐我看上他了。"

果然……

"然后呢？"

"然后你在他面前多提起我，多说点儿好话喽。"于是我那刚解放的肩膀又被重击了两卜。望着她远去的背影，心里说不出是什么滋味，悲吗？不是。喜吗？也不是。

2

拜可依那妞所赐，自从她那天勇闯历史课堂后，现在我一进校门，就有人叫我"陌三千"，她"沐继光"的称号也传遍了整个学校。

洛安格的头像一闪一闪的，第六感告诉我没好事，忐忑地点击了一下。

"陌三千，嘻嘻，那三千字的检讨写完了没？"

"洛二少，你脑子有病吧，今天周日，检讨周五查，你说我完了没？"

"你完了。"

脑子顿时休克十秒……今天我算明白一件事，问对方脑子有病没得先了解他是否有脑子。我连忙把话题转到可依身上。

"你觉得可依咋样？"

"你说沐继光啊，挺有趣的。"

完了，完了，完了，我心想，连忙又把话题转了过来。"说吧，今天又找我干吗？"

"给我做张网球部的海报。"

"没问题！"一个女高音从我身后突然响起，然后这个声音的主人把我踢到一边，亲自把这仨字发送出来。

"可依你干吗呢？温柔一点儿你会死啊。"可她当没听到，继续干她的活，而我这个电脑的主人却只能在一旁看她以我的名义跟某人聊得如火如荼。"你自己答应的，你要去做。"

可依二话不说就把我揽进她怀里，许久后放开，"没问题！"说完抱起打印机就把自己关在楼上。

我站在原地，看着楼上的门低声道："我只是随口说说的啊。"其实我也不是真的不想做。

3

据后来可依跟我说，原来事情是这么发生的：

一大早，我们沐可依同学就到了教室，她打扮得格外淑女，坐在座位上的她，手里拿着她做了好久的海报，心里反复想着接下来要说的台词。大约三百多秒长的时间过去了，洛安格终于出现了！可依同学那个激动啊。在安格同学与她擦肩而过的时候，可依站了起来。"洛安格！"她微微一笑把海报递上，"这是你要的海报，陌社长说她没空叫我代她帮你做。"安格先是一愣，再接过海报，道了声谢刚想走，却又被我们叫爱的可依同学叫住："等下！"

"嗯？"

"我有话要对你说。"

"嗯？"

"我……我喜欢你。"

"嗯。"

……

"就这样？"我问可依。

"就这样！老娘把情绪酝酿得有多好，而他，整整一天照样过他的日子，好像什么也没发生过一样。"我心惊胆战地看她拿着瓶水在床上死拧，我倒不担心会把床单弄脏，我是怕自己会被喷到啊！

"拿来吧你，"我抢过那瓶水，"看好了啊！这样，一压，一转。"如果眼光能杀人，沐可依早就尸骨无存了。

我不紧不慢地敲着我的键盘。奇怪的是，我脑里想着都是那个傻二少，不单单今天，特别是那天可依说……我摇了摇头，目光重新放回屏幕时却差点儿吓趴了，急忙按下删除键，回头对可依傻笑。"可依，你到底看上安格哪点了？"

"很多啊，例如他在学校……"

"哎哎，打住！打住！他在学校能怎样？整天就一副全地球人欠他钱一样的表情。不笑还好，笑了跟捡到几个亿一样傻。"我一下子就想起了上次的场景……

"那叫灿烂好不？亏你还是文学社社长。咦，你怎么这么清楚他啊？"

刚刚一堆笑容瞬间僵在脸上，"啊……因为我认识他很久了嘛，呵呵。"这理由怎么听着像"因为我喜欢他很久了嘛"？

"噢对，你还记得刚来学校时篮球部里的洛安哲学长吗？"

我点了点头，"有点儿印象。"

"我猜你可能想不到他是洛安格的哥哥吧？《网球王子》你也看过，越前龙马也有个哥哥哟，叫越前什么来着……哦对！越前龙雅。龙马和安格一样是网球队的也就算了，可安哲竟然也跟龙雅一样是篮球部的部长！我的天！"我朝她翻了翻白眼，其实我早就知道了……

"送你两个字。"

"什么？"

"没救。"

……

4

我要声明我此时此刻的心情是要有多愤怒就有多愤怒，我实在没有想到沐可依有朝一日会毁了我的卧室，但我现在看到了。拿起刚被我进门时不小心踩到的枕头，如果条件允许我想吼出来，可我怕别人以为我杀猪，这对可依不好。我干脆闭上眼，我怕我再多看一眼会跳楼，"沐可依，我们出来谈谈。"

"你什么意思？"我指着我卧室。

"我在找上次学画后剩的颜料啊，找了好久呢，筱柒你放哪儿了？"

把我卧室搞得一团糟你还有理了？我强行让自己镇定后走到玄关前，从上面的大柜子拿出了所有颜料递给她："拿去。"

"哟，原来在这儿呀！谢啦。"说完"噔噔"上楼去了。

我独自站在原地沉默了十分钟后也回了房间，沐可依，今天看在咱们同居这么久都是你在打扫的份儿上，我大度地原谅了你。过了好久，我整理好出来喝水，才发现楼上那家伙挺安分的，不对劲呀。"可依？"没回答。"可依！"还是没回答。"沐可依！"我上楼一看，她正穿着一件新衣服自我陶醉，衣服上面写着什么？——"洛安格，我喜欢你。"真是疯子。

"你明天就打算这么穿？"我围着她走了三圈。

"对呀，怎样？"她自己原地转了三圈。

"那……祝你好运。"我开始想象明天班主任要是看到了，她会怎么死，是被红烧，还是被水煮……

5

我终于知道世上最丢脸的事，不是衣服穿反，也不是鞋子穿错，而是和沐可依一起并肩走。我想我实在是受不了那么多人对我们行注目礼，才会走到一半便跟她说"拜拜"。而她倒是抬头挺胸地绕着学校走了一圈才回教室的，而此时洛安格正坐在教室里玩手机。我原本以为，沐可依会出现当初勇闯历史课堂的气势，指着洛安格当全班的面大声说："小子！姐看上你了，给你一次机会，从了我吧！"可现实告诉我这些假想是错的。

事实上，可依是低头玩着手指对洛安格说："洛安格，我喜欢你。"

而洛安格只是一愣，然后笑着说："我知道。"

"那……我们可不可以交往？"

他先是略想了想，然后笑着说："看看吧。"又回头继续玩他的手机。可依的脸瞬间由白到红再到青最后到黑，那叫一个无奈。

再次和洛安格说话是在晚上，我抱着电脑建网站，洛安格的头像又开始跳动："怎么，还没睡？"

"建网站呢。你呢？"

"我？想事喽。"

"什么事？"

"沐继光，你说要不要答应？"

心跳漏掉一拍，该面对的迟早要面对。

"如果喜欢就答应呗。"我终于知道口是心非的滋味了，挺难受的。

"得，等于没问。"说完头像就变灰了。我有点儿失望。学过心理学的阿良问我，是不是喜欢洛安格很久了。我像小孩儿偷东西被发现时一样心虚，或许吧。阿良说对了，可那又怎样呢？只要洛安格开心，即使不是因为我，我也会很满足很满足，绝不会伤心，绝不会。

6

可当可依和安格牵着手站在我面前时，我还是伤心了。洛安格，我到底还是错过了你呢！

可依满脸幸福顽皮地冲我做鬼脸，而安格，只是不带表情看了我一眼，转头面对可依时却笑得那么美好。这时候我才明白，原来，我是多么喜欢洛安格。

之后可依经常不在，整个阁楼就只有我一个人，开始反反复复去翻看关于洛安格的一切，傻笑着，我想，我再也找不到那个当初一看见我就会笑得一脸灿烂的洛安格了呢，我该哭吗？于是，我又想了一下，很大声很大声地哭了。

想起了一个故事，一个男生喜欢一个女生，百般地哄她开心，可当女生问他"是不是喜欢我呀"时，那个男生却矢口否认，后来他在日记中写道："即使给我一个机会回到那时，我还是会坚持那个回答，因为佛说，不可说，一说便是错……"也许，我和洛安格就这样了吧。也只能这样了吧。

直到阿良寄来机票，要我去她那里过暑假，我把它放在桌上，可太阳折射下来的光芒照着它，让我觉得好刺眼，刺得我生痛。真的要走吗？一直在问自己这个问题。

无意间点了下安格的头像，我跟自己说，赌一把吧。如果他好，我就走。

"你，好不好？"

"你说呢？"

"我该离开吗？"

"你说呢。"

对着电脑屏幕的我泣不成声，洛安格，这是我最后一次掉眼泪了，最后一次了。

第二天很早很早，我拖着行李准备离开，路过可依房间时发现她又没关门。往里一看，见她在床上熟睡，手脚还不安分地摆动，活似个三岁小孩儿。我微笑着拉过门那一刻，可依说了句梦话，声音通过介质毫无阻碍传到我耳朵再传到我大脑，她说："洛小子，老娘我告诉你，虽然我是喜欢你，但我更爱我家筱柒。听见了没啊你？"听见了，我亲爱的可依，我也爱你。我匆匆关上门，把溢到眼眶上的泪硬生生给逼了回去，离开的步伐走得一步比一步坚决，可又像是走在刀刃上，从脚上一直蔓延到心里。

候机厅里有好多拖着行李的人，只不过他们不是一个人，而我是一个人，然后我听见广播说我坐的航班开始登机。我顿时感到不舍。一个月后，等我再回来的时候，应该已经物是人非了吧。

飞机起飞后我透过窗户看见这座城越来越远，越来越远，眼前又出现了洛安格的样子，那个爱穿衬衫和毛衣的男孩儿，那个笑起来很灿烂的男孩儿。我一直都没说，我就是靠着这个笑容度过好多好多个冬天的；我一直没有说过，洛安格每次走过的路，我之后都反复走了好多遍；我更没有说，我曾小心翼翼跟在他后面，走了好久好久，后来很没出息地跟丢，还迷路……我想，他一定不知道吧。他一定不知道的，他不知道，我曾有多么喜欢他。

现在，再见了，洛安格，再见了，沐可依。

再见了，我的爱……

再见了。

淡淡的幸福味道

他在他的世界里悄悄爱着

徐凯珊

从很小的时候起，我就觉得他是个温和中带着严厉的人，让人觉得亲近又有些令人敬畏，可能跟他年轻时在生产队里当过干事有关。认真算起来，我们相处的时间其实并不多。我对于小时候的记忆很是模糊，只记得那会儿很喜欢和姐姐在周末带上灌得满满的水壶，踩着小单车骑半个多小时的路去找他。

对于小孩子来说，那是一段相当长的路程，我不记得路，只靠姐姐指路，心里又累又忐忑，尤其是听说有一段路那阵子常有人抢劫。但每次到了之后又什么都忘记了，只会"啪嗒啪嗒"大喊着冲进家门，然后看着他惊讶的表情得意地笑，说："我们来看您了。"

"怎么突然就自己跑来了，这样做不行，有没有跟家里人说？"——尽管这样说着，他却是随手拿起桌上的烟和火机，带着我出了门。平时独自吃住的一个人因为我们的突然来访，不得不上菜市场多备一些吃食。

白衬衫，黑色西裤。他的穿着很简单，多年如一日，将清瘦的身形衬得很是精神，腰板还挺得直直的。他问我喜欢吃什么，我犹豫着，因为不喜欢吃蔬菜，于是理所当然换来了他的不赞同，他笑着说不能挑食，多吃些菜才能跟姐姐一样长得高。我想帮忙提东西，他拒绝了，一伸手就把东西拿了起来，另一只手牵着我。他的手瘦瘦的，还硬硬的，牵着并不舒服。但当我看着他热情地和寨里的人打招呼，解释说这是他小女儿的孩子时，又觉得其实这样也挺好的。

那天我们煮了冬瓜汤，很好喝，我吃了一大碗饭，然后很惊讶地看他又添了一碗。他笑得轻描淡写，"这有什么，以前年轻时我一顿饭要吃四碗。"完了还伸出手指向我比画了一下。跟其他老人家一样，他觉得小孩子就要吃多点儿才好。这一点我是满足不了他的，不过二表哥可以。对于这个孙子的到来，他显然也是很高兴的，一边让他慢慢吃一边慢条斯理地教导他为人处世的道理。二表哥大口扒拉着饭，表面上一本正经地附和着，暗里却冲我们挤眉弄眼的。他一点儿也没有察觉，慢吞吞地抽着烟，在烟雾缭绕里继续讲他年轻时候的事。

他在那个年代算是相当有文化并且见过世面的人，据说字也写得漂亮。记得有很短暂的一段时间是他在照顾我们，闲暇时他会教我们练习书法，那张大大的大理石桌上铺开了笔墨纸砚，他指着白纸黑字教我和姐姐说："这是繁体的凯，你们的名字就是这样写的。"许是受年轻时的经历影响，他对当老师有相当的执念，常念叨着让我们去读师范，说当老师好啊。可惜他念叨了十几年，十几个儿孙里最后也没有一个如他所愿。

后来因为读书，常常是隔了三五个月才去看他一回。他渐渐老了，没有以前那么有精神头了，不过说话还是慢条斯理的，虽然已经开始混淆了许多人和事。人也变得孩子气了，小辈孝顺的红包总要藏得严严实实的，生怕被人拿走一样；还偷偷去吃因为身体原因被禁吃的零食；有时更是抓着许多年前的事唠叨个不停。长辈们都笑着说他老糊涂了，我也听得糊里糊涂的，却又觉得如果这样一直下去也没什么不好。

但"一直"有时候也是个悲伤的词，好比说我们一直在长大，他一直在老去。他的耳朵越来越不灵敏了，以前还能借用助听器，后来便起不了作用了，说话都要别人在他耳边大声吼才能隐约听见。可这样说话毕竟费力气而且作用不大，长辈们跟他聊了几句驴唇不对马嘴的，也只好几个人自己聊了起来。他坐在最中间，像个被遗忘的孩子，偶尔插入一句对不上号的话，最后也会因为太过莫名其妙而被忽略了。

今年过年时他陪着我们吃了一顿团圆饭，说不到几句话就忍不住打起了瞌睡。我看着他安安静静地睡着了，呼吸轻浅就好像时间一点一点的流淌声。

临走时本没想打扰他，他却自己突然惊醒，唤着我妈的乳名，问她要去哪儿。我妈说回家。他呆了一呆，才低低地"哦"了一声，然后又好像才回过神儿一般，连声让我妈带多些东西回去。我妈推说不用了，他什么都听不到，只自顾自地说着家里东西多，放着也是浪费，喜欢吃就拿走……但他到底没能找到他想留给我们的东西，站在门口目送我们离去的样子就像个丢了心爱玩具的孩子——舅妈偷偷告诉我们，他总把东西藏着不吃，都坏掉了，她趁他不注意给悄悄扔了。

时间愿意给予他的东西越来越少，把曾经那个温和的男人禁锢在自己的世界里。他的身体一日不如一日，却仍然竭尽全力去抓住他所能抓住的一切，然后留给他的孩子，爱得无声而有力。

他就是我妈妈的爸爸，我的外公，这个世界上最爱我们的男人。

同手同脚走下去

尉宝月

你夺过我手里的书怒气冲冲地质问我是不是用你的面膜了。

"很贵的！"你冲我嚷着。

你是想告诉我，我用不起它，还是想说，我不配用它？

没等我开口，你就旋风一般离开了房间，我只好吞下空气，看着关门扬起的微尘在阳光下飞舞。你那天敷着面膜打电话时面膜没贴牢掉到了地上，你急着约会于是又敷了一张，掉到地上的那张还是我帮你扔到垃圾桶的呢，你忘了吗？

我出门倒水的时候看见你已经打扮好又在煲电话了。我饶有兴趣地倚在墙上听你越来越甜的声音。你的声音一直让我觉得有趣，因为它会因为对方不同而产生变化。对你的男朋友，你的声音是嗲的；对你的同学老师，你的声音是甜的；对你的父母，也是我的父母，你的声音是温柔的；对你打工的老板，你的声音是沉稳的；对我，你的声音是正常的。

几种声音相比之下，你最为正常原始的声音反倒显得有些冰冷。

你挂上电话时看到了我，指指冰箱说："我中午不回来吃了，冰箱里有面包。"我转身拿杯子，我当然知道冰箱里有面包，那是我买的。我再看你时你已经拿包准备出去了，当初你刚把这包双手捧回家的时候不让我碰它，你说怕我弄坏了它。"很贵的！"照例是这三个字。

"只有面包和泡面吗？你不是买了比萨吗？"我假装无意地问道。

"昨天吃完了，"你开门一脸不耐烦地回答，"你总不能让我再给你买一盒吧，那东西……"

"很贵的。"我看着你冷笑，"你到底为什么住进来，你不会洗衣服不会做饭只会买快餐，这就是你当初跟爸妈承诺的对我的'照顾'啊？"

你看着我，面无表情。"我会赚钱买饭吃买衣服穿，你会什么？"你麻利地关上门。

我转身接水，饮水机咕噜咕噜地叫。你知不知道，饮水机的声音都比你的好听。

很多人都怀疑我和你的血缘关系。我们是那么性格

淡淡的幸福味道

迥异的两个人。虽然有着同一个爸爸和妈妈，但是我们却像陌生人。你爱吃哈根达斯，我只想要一根山楂饴；你经常和男友逛步行街，我喜欢独自旅行；你成绩优异是一路拿着奖学金走过来的资优生，我是高考前拼了命才考上了二本的普通生；你从大一开始就打工挣钱买衣服首饰化妆品，我上大二了还在做着你鄙视的"啃老族"。

你只比我大了两岁，我们之间却像差了一个辈分。妈妈曾说，我应该生活在一个宁静安逸风光无限好的小城镇里，而你应该生活在日新月异飞速发展的大城市里。我当时嗤笑一声说，对你来说，北京上海那样的物质城市，都太小了。

你没说话。

我上大学后独自在外住着，你知道后提出来要搬出来和我同住，理由就是"照顾"我。妈妈爽快地答应，你总是让他们放心的那个。

你搬进来后和我没待上三个小时就吵起来了。导火索无非就是你带来的东西占了我的地方、我的音乐吵到你打电话这样鸡毛蒜皮的小事。我们吵得很凶，一点儿也不像姐妹。

之后的日子里，争吵成了你我日常生活的一部分。你埋怨我整日泡网上电费高得吓人，每次你交电费的时候都觉得是交了整栋楼的，我斥责你每天护肤泡澡浪费的水多得可怕，每次看你哗啦啦用水的时候都觉得应该让你奔赴西南感受一下旱灾的痛苦。你讥笑我乱放东西乱花钱脑子一塌糊涂像个智障，我嘲笑你不会家务不会生活是个可悲的工作狂。

"再怎么可悲也比一个rubbish（废物）强。"

多数情况下都是我败下阵。你总是能说出比我还要狠毒的语言，我都怀疑你是不是忘了，你口中的rubbish与你有着血缘关系。不过我也懒得问你，因为我经常真心希望我可以忘记我还有你这么一个姐姐——我都不愿意叫你姐姐，就像你从不叫我妹妹一样。

我知道你为什么要忍受我们之间的不愉快与我住在一起。你仅仅是为了省下交房租的钱去买衣服或者给男朋友买礼物。你就是一个被物质外衣包裹得严严实实的时尚瞎子。

妈妈来电话询问你我的生活，我说"很好"。妈妈说："你姐姐还跟那个男的在一起啊？"我说"嗯"。妈妈说："你们没吵架吧？"我说"没有啊"。妈妈说："你姐姐还习惯新环境吧？"我说"应该习惯吧"。

你是爸爸妈妈的牵挂，你一直都是。十分钟的电话，妈妈只有一句是问候我的："你钱够吗？"

也许是听出了我的不开心，妈妈终于在第十一分钟时开始细细问我的饮食起居，告诉我爸爸妈妈很想我，我在电话这头开心地扬起嘴角。

挂上电话没多久手机就又响了起来。是你男朋友，那个瘦瘦高高的眼镜男。

"你姐姐说好今上午9点见面的，这都快11点了她都没来，她没事吧？"眼镜男的声音很焦急，你就是能让所有人都把你当宝贝，"你能不能去找找她？"

"那你让我上哪儿找啊？"我一手拿着手机，一手握着鼠标悠然地在电脑上刷帖子。

"你怎么一点儿也不着急啊！"眼镜男的声音提高了八度。

"那你怎么不去找啊？"我说完就重新戴上了耳机，挂了电话。

下午2点，我打你电话，你关机。我开始看偶像剧打发时间。

下午3点，男主角被车撞倒，无法赴约，不知情的女主角带着怨恨离开。我关掉视频，随手披了件衣服冲出门去。

你就坐在楼梯上，脸上挂着泪痕，妆都花了，包包和袋子随意地散在地上，像极了我刚刚看的偶像剧里落魄的女主角。

我把你拖进屋子里以免你在外面丢人。你进屋刚站稳就往自己房间走。我开口说了一个"你"，你回过头来提起必胜客的袋子恶狠狠地说："你要是想吃比萨就给我闭嘴！"然后使劲地关上门，关门的风掀起了墙上纸质很薄的卡通日历，惹得日历哗啦啦地乱响。

"神经病。"我回屋继续泡网。

6点多，你终于走出房间了。你走到我的后面，搂住了我。我被你压得呼吸困难。而后，你回房间拿出了袋子放在客厅里，你竟然邀请我和你一起吃晚饭，还真稀奇。

我吃完一块比萨问："干吗买这么多？失恋啦？"你和多愁善感的女生有着共性特征，遇到不开心的事就会与食物和影片混在一起，表面盛气凌人的你骨子竟然这么的小女人。

"你给我闭嘴吧你！"你就回了我这么一句话，之后拒绝交流。我耸耸肩自讨了个没趣，只好继续看影片。结果电影还没看到一半，你就开口说话了，真是奇怪，你通常都是看到黑屏也不愿意开口的。

你开始说你不小心坐错了公交……你细细地诉说，我听着你逻辑混乱的讲述，心想你是不是心智受打击了，你用了十多分钟才说完的事情，其实用一句话就足以概括了。

你在车上看到眼镜男与一个女孩儿手拉着手行走，然后吻别。

你把头靠在我肩膀上，不一会儿我左肩膀就湿了一片。

我保持着静止，陪你一起沉默着看电影里的女人撕心裂肺地哭。

你总是用力去爱一个人。这样的习惯让你热恋时轰轰烈烈，失恋后悲痛欲绝。你祭奠一场恋爱的方法就是做一切矫情的事情。我更厌烦的是我自己怎么会一次又一次地配合你演这出酸牙的悲情戏。

第二天你就恢复了那个虚伪优秀的资优生，蹬着高跟鞋上课去了。仿佛昨晚哭得死去活来的是火星人。

高考前你白着眼说我根本不可能考上大学，我也不知道为什么就中了你的激将法考进了理想大学。

你总是考虑别人，变换着不同的声音不同的性格让别人感到舒心，然后小心翼翼地隐藏真正的自己。只有在我面前，你才不加任何掩饰。

爸爸对我说，你发现我上学搬出了学校，你跟爸妈说你怕我迷恋网络而耽误学业被学校撵回家，或者不会做饭而饿死，所以搬过来和我一起住。你不会做家务事，但你会用钱买饭给我吃。

妈妈对我说，你用交房租的钱买了衣服和礼物，然后把买衣服的钱汇回家。你对妈妈说："用这钱给她买些维生素吧，她整天上网，身体不好。还有，打电话的时候多关心关心她，她很爱你们。"

你的同学对我说，如果我送你落下的东西到学校给你，你会很骄傲地指着离开的我告诉你的同学："喏，这是我的妹妹。"你会很自豪地告诉他们我是如何如何的优秀，于是你的同学都认识了我。

喏，这是我的妹妹。

妹妹。

我敲字的时候你顶着面膜走了进来，悠然地问我："你写什么呢？"

我回头看你："投稿。你脸上那团黑乎乎的是什么东西？你新买的那个面膜不是布贴式的吗，怎么换成泥巴了？"

你扬扬手说："那个啊，我扔了。"

"扔了？你就不能留着给我用吗！"

"如果我告诉你那是我前男友送的，你还用吗？"

"……早该扔了。"

"你在写稿子啊？写的什么内容？"

"批斗你的。"

"啊？"你又凑上来多看了两眼，"什么'你'啊'我'啊，看得我眼晕，你干吗不用名字？"

"写你名字？得了吧，我怕登上杂志了丢人。"我把文字迅速地往下翻，我并不想让你看太多。

你倒是满不在乎地起身，"得了吧，就你那水平还想上杂志当模范作文哪。人家没把它批上'反面教材'四个字你就该庆幸了。"

模范作文，我头一回听别人形容杂志里的文章可以拿来做课堂上的模范作文。哦，想起来了，你除了看与你专业有关的书以外只看美容杂志。

你扔给我一瓶维C离开了，关门前你说："再说现在

《中学生博览》竞争那么激烈，你哪有机会。"

尽管不想让你知道，你还是发现了我要给小博投稿的蛛丝马迹，你留意起平常我看的杂志，偶尔会买上一本，看看上面有没有我的痕迹。

我刚刚出去倒水时看见你一直盯着门口那双米奇鞋，你问我怎么只剩一双了。我摆摆手，"哦，那双我早退了。"

"退了哪双？"

"这双是你买的，其实我一直穿的都是你买的这双。"我眨眨眼，"反正你打算送给我的，对吧？"没等你开口，我立马蹿下楼买泡面去了。

走下楼后想了想，我还是拿着口袋里装着的板鞋退回的钱去必胜客买了比萨，顺便去超市买了哈根达斯和山楂饼。

提着大袋子到楼底的时候，收到了你的短信："买好泡面了？我就是想在你结完账之后告诉你，我下午刚买了比萨，傻瓜。"

我只能无奈地笑。

你说："如果有一天我突然离开你了，你的生活肯定会混乱起来，因为你压根儿就不知道怎么照顾自己。"

可是我们不需要这种如果。

我最亲爱的敌人

小小苏

我常在想，我和你之间究竟是什么样的关系。母女？好像又与寻常母女有些不同。朋友？好像也不太像。敌人，或许是最贴切的吧。

1

记忆中的你从来都不是个贤妻良母的形象。那时，你尽管已经成了孩子他妈，但仍旧管不住自己那爱玩的天性，以至于在我童年的印象中，你和爸爸从来就没有和平相处过。因此，每当我看到小学作文里描写妈妈的文章时，我就偷偷感慨，怎么跟我妈相差十万八千里，并自己暗下决心：长大以后一定要当一个比你更好的妈妈。

2

因为你还要上班挣钱，所以我的童年是和爷爷奶奶度过的。也因为这样，我成了被宠坏的孩子。我想，那应该是我人生中最美好的回忆吧，甜得像糖一样的日子。每天都有爷爷奶奶轮流护驾陪我上学，还有奶奶天天给我扎不同的小辫子，让我在小朋友面前赚足了面子；还有爷爷每天买的好吃的，让馋嘴的我心满意足。那时的我已经习惯了爷爷奶奶的宠爱与相伴，晚上听着他们用方言聊着各种芝麻小事，尽管听不懂，但心里却无比安稳。听着他们此起彼伏的呼噜声入睡，在我看来，那是最美的天籁。可是，半路上却杀出了两个程咬金，一个是刚出生的小堂妹，而另一个就是你。

在我七岁时，你竟然提出让我自己一个房间。这对于当时的我无异于晴天霹雳，我死活不肯，在爷爷奶奶面前拼命撒娇，让他们帮我求情。可无情的你从来就不是心软的人，趁着我上课时就把我的新房间整理好，让我没有丝毫退路。

那天晚上，我还是死皮赖脸地蹭上奶奶的床，但是你也跟着来，不断地给爷爷奶奶做思想工作。结果在你的怂恿下，他们真的不肯收留我，让我孤零零地在新房间度过漫长无比的黑夜。那晚我怎么也睡不着，边流泪边狠狠地咒骂着你。没错，从那时起你就成了我的敌人。

从那以后，我就没有给过你好脸色。更可恶的是，你竟然让十指不沾阳春水的我学做各种各样的家务。我往往会拉奶奶当我的挡箭牌，可是没人能违背你的意愿，我最终还是心不甘情不愿地跟在你身后，一点点地学习。

3

在你的独裁统治下，我藏着一颗时刻想要起义的叛逆的心。终于有一天，我爆发了。

那天你又命令我收拾东西，可是我偏不干，于是就伶牙俐齿地反驳你。没想到，你成功地被我激怒了。我乐不可支。你的眼睛都快喷出火来，眼看着就要动手打我。我找不到帮手，但却一点儿都不畏惧你，还拿着一根棍子跟你叫嚣："来呀，我不怕你！"一场战争几乎一触即发。那时的我才七八岁。我想那时的你肯定被我气得吐血，可是你却无可奈何，最后还是不了了之。不过，从那之后我倒是越来越胆大，将你视作势不两立的敌人。

为此，你常常很是头疼。每次你吩咐我做事时，我都要和你对着干，仿佛只有这样才能表明我的立场，于是总免不了与你唇枪舌剑一番。直到现在，我还是不肯轻易顺你的意，你很是沮丧地问我："我怎么有你这么叛逆的女儿？"我总是报以冷笑。命中注定我们就是敌人。

4

在学习方面你从来都不会过多干涉，因为你相信我的自觉。记得中考前一天晚上，我在努力地背政治，你走过来跟我说："平时尽力就行了，我相信你的付出。记得成绩不是唯一的，快乐才是最重要的。"于是我半信半疑地跟着你一起去兜风，让我一直悬着的心放松了不少。可能是你没有给我压力，所以让我在考试时得以正常发挥，取得了好成绩。

你偶尔会幻想，说要我长大以后努力挣钱，然后带着你到世界各地游玩，还边想边笑得合不拢嘴。我给了你一个大大的白眼，鄙夷地说："我以后只负责给你养老，其余的休想！"适时地给你泼了一盆冷水。我只能在心里苦笑着，不贤妻良母也就罢了，还那么贪财。唉！真是个可恨的敌人。

5

和你一起去银行办卡，谁知道在等待的时候下起了瓢泼大雨，于是水浸了整条街，漫上了小腿。无奈我穿着一双运动鞋，仅有的一双，而且我第二天要赶着回学校。于是情急之下你竟然提出要背我，我一开始怎么都不同意，可是又不想弄湿鞋子只好勉强答应。我已经比你高出一大截，而且小时候你背我的次数屈指可数，所以我动作很生涩，慢慢地挪上去，不大习惯这种感觉。但是出乎意料你竟然背动了比你还重的我，而且让我惊异于如此小的躯体竟然有着这么大的能量，同时心里也涌动着一股暖流。你看，这么可恶的敌人，不但让我爱不起来，而且也无法再恨。

6

有人说，长大有时就是一瞬间的事。

你那天给我打了电话，说着说着竟带着哭腔。我便开始心慌，因为一贯坚强的你很少有怯懦的时候，更别说哭。你哭着说，你很难受，因为生意上的事情让你头都大了，而爸爸又撒手不管，所以一切的重担都压在你一个人的身上。于是，我便极其耐心地听你说话，帮你分析，像个同龄人一样商量。其实我可以了解你的心情，你只是个平凡的女人，不是女超人，你也想像其他女人一样相夫教子，安心地做个家庭主妇，不用老是在尔虞我诈的商场上奔波。你也会有疲倦的时候，也会有软弱的时候。可是骄傲如你，不肯轻易地将脆弱表现，不想将伤口给别人看，你害怕别人笑话，更怕被瞧不起。我很感谢你如此信任我，肯将这些真心话告诉我，也让我清楚地意识到自己真的长大了，我该负起自己的责任了。

记得你最后一句话是，要好好学习，长大以后要挣钱养好自己。

7

你让我从小就学会独立，学会坚强，学会自理。所以我哪怕是一个人，也绝不会让自己饿着冷着。你没有让我一直活在美好的童话里，而是早早地让我知道这个世界的险恶与现实，让我不是老做着不着边际的白日梦，而是脚踏实地地生活着。

谢谢你，没有你就没有今天如此独立、成熟的我，可能我之前痛恨过你，但是如今我对你只有感谢。因为，你是我这辈子最亲爱的敌人。

盛夏光年，你是我最大的感动

小雅诺·cry

　　父亲要去参加家长会了。当天边刚刚露出鱼肚白时，父亲便早早起身，在厨房中忙碌着。锅碗瓢盆相互撞击，发出阵阵清脆的声音，像幸福的旋律。

　　站在门口，见父亲正在炒菜，雾气弥漫着。虽是寒冬，父亲的额头却早已渗出一层密集而细小的汗珠，目光满是爱的味道。

　　饭桌上，一阵沉默后，父亲开口："家长会是什么时候开始？"

　　"8点！"

　　"要准备什么吗？"

　　"不用……"

　　又是一片沉默。父亲是个不苟言笑的男人，从小到大，从不想和他有多少对白。在我看来，我们之间总是有着不可逾越的代沟，抑或是他从来不懂爱。饭后，父亲转身上楼换衣服，平日动作利索的他此刻却迟迟不下来。

"爸，快点儿，要迟到了！"我不耐烦地嚷道。父亲随声附和着。不一会儿，父亲下来了，脱去了平日里厚重的工作服，换上了一件半旧不新的小西装和那条洗得发白的牛仔裤，显得格外别扭。

父亲尴尬地笑了笑，"走吧！"说完，转身去后院骑摩托车。那辆陪在父亲身旁多年的摩托车，在岁月的侵蚀下，早已锈迹斑斑，犹如父亲那饱受风霜的身躯，早已不如往日那般硬朗。

路上，风呼呼地从身边刮过，父亲在前头，把背挺得直直的，他似乎很高兴，见到熟人便笑着说："我要去参加女儿的家长会！"仿佛这是件令他无比自豪的事。而坐在车后的我却在暗暗盘算着如何解释这次考砸的原因。

好不容易到了学校，校门口早已排满了各式各样的小轿车，父亲的摩托车在其间显得格格不入，虚荣心强的我不由得低下了头。进校门前，父亲停顿了下来，整理了一下着装，不自在地咳了两声，走进了会场。衣着简朴的父亲与场内打扮得光鲜的家长们相比，显得如此寒酸，我不禁脸上一阵发烫，拉着父亲坐在最角落的一旁。

学校领导在台上做了学校简介后，开始公布期中年段前五十同学的名单。父亲挺直了背，把身子坐正，认真地听着每一个名字，到二十五名，没有我，四十五名，还是没有我，父亲略胖的身子开始在座位上不安地扭动着。五十名，还是没有我，父亲叹了口气，满是失望的神情，仿佛一个得不到糖果的孩子。我的心不由得沉重了下来，不停地埋怨着自己的不争气……

难熬的家长会总算是结束了，父亲沉默着出了校门。我低着头犹如犯错的孩子，跟在他身后。父亲进了家小吃店，叫了两屉小笼包、两份排骨汤和一份炒面。"来，快趁热吃吧！"父亲往我的碗里夹了个包子。我愣住了，低着头，泪水不觉滑落，包子变得有点儿咸……

吃完后，父亲该去上班了，走前塞给了我二百块钱。"好好照顾自己，我走了！"说完，父亲便骑着摩托车消失在茫茫的车流中。

望着父亲的背影，心中一阵难受，在人来人往的大城市，父亲无疑是卑微到尘埃里的，然而父亲最沉默的爱却是世间最圣洁的美丽……

淡淡的幸福味道

老妈：从女神到女汉子

小眼鱼子

　　突然想起小学五年级老师布置的一篇作文——《我的妈妈》，那时纯粹为了应付老师，我照着一段现成的人物描写，把年龄改成了四十多，并且循规蹈矩地按老套路写了两个烂熟的事例：一、深夜背着我去医院看医生；二、考试失利的时候给我暖暖的鼓励。事实上，当我把作文放在你面前让你在华丽丽的成绩下方签名的时候，你反而骂骂咧咧地吐沫飞溅，埋怨我把你写得太老，你说你没那么温柔的脾气，我考试考不好必须衣架伺候，至于生病，你郁闷："天天把你们当国宝一样呵护着，哪里来那么严重的病要上医院？"

　　日子是平淡的，生活无非柴米油盐酱醋茶。你操劳着我们的日常琐事，小到一支铅笔，大到一份录取通知书。闲暇时你会兴致勃勃地翻阅你过去的那些艺术照，一顿显摆之后又开始煽情地思考你的人生，然后叹气道，你的前半生是为自己而活的，后半生却是为我们而活的。

相框里的你一身花色长裙，以公园的竖天喷泉为背景，阳光勾勒出你好看的波浪卷，你淘气地搂着老爸的肩，一股女汉子的凛然正气扑鼻而来。看过杂志上有句话这样说：每个母亲曾经都女神过。尽管你每次在厨房里都是一副穿上军装就要革命的样子，但一旦穿上自己喜欢的衣服还是会在镜子面前扭扭捏捏磨蹭好久。包括婚纱照上的那个柔情似水的女子，更让我不得不感慨：时间，你不要走太快，好让我的老妈在我们面前再"女神"一会儿。

可是，现实中的老妈还是始终保持一种超人的气魄，你可以在我快迟到的时候开足马力，一辆后盖好像永远咯噔咯噔盖不紧的二手摩托在雨天里兜兜转转，两个轮子飞过闹哄哄的菜市场、臭气熏天的水沟、皱巴巴的沙地后安全直达校门口，火一熄，手一提，把书包递给我后便开骂。我不理你，蹦蹦跳跳直往里跑，爬上楼梯后远远看见你踩油门呼啸而去的背影，孤单又心酸。很多我认为打死我都不会做到的事，比如早起做饭，6点的闹钟一响你就开始在厨房里叮咚作响；比如买菜，在漫天腥味的鱼肉市场，你和形形色色的大叔大婶为条鱼的斤两讨价还价；又比如为我们姐妹仨顶着副老花镜赶夜织毛衣，倒是让我亲身感受到游子身上衣的来之不易……我都不知道怎么来形容你的这番精神，与其说是一种倔脾气，不如说是一种无形的爱，照亮我们未来的路，从此让我们海阔天空。

这一次回家，同样的路口，我远远就瞥见了你。你站在那块字迹模糊的站牌下面，穿件褪了色的黑棉袄，还是推一辆半新不旧的摩托，车把上挂着的塑料袋装着我的早饭——一个茶叶蛋和一盒打包的肠粉。这是我上大学后的第一个寒假，下车后你一下子就把我笨重的行李箱抬到摩托的后盖上，叫我随时抓稳箱子，然后一路小心翼翼地开回那条熟悉的归家路。

过了冬至，你是真的跨入了四十岁的大门。坐在你后面，清楚地看到岁月来过的痕迹，黑发还是遮不住渐多的银丝，车视镜里你笑得再灿烂还是掩不了悄悄爬上眼角的皱纹。你好像是一夜间变老的，一年真的可以改变很多事情。这才发现，原来我们是真的长大了，而不变的是，你还是会像唐僧一样嘴巴一刻不离那些话题：在学校不要只顾着减肥，天冷的时候有没有买件羽绒穿，食堂的饭菜还习惯不……

坐在老妈的摩托上，哪怕是从巨大的公交旁擦边而过，也能安然入睡。从菜市场、水沟、沙地直奔巷子，睁开眼就可以看到夕阳从对面慢慢落下。

白雪公主在此恭候后母

晓　娜

频繁地出入我家，有事没事在我眼前转悠，带着大包小包满满当当的礼物，打开尽是些我喜爱吃的零食……这种种的一切让我敏锐地嗅到了危险。果不其然，当我某天慵懒地躺在沙发上啃着你"进贡"的薯片时，我爸突然亲昵地拉着我的手，半害羞半严肃地对我宣布道："我和李阿姨在交往！"

接收到这晴天霹雳的爆炸性信息的瞬间，我的脑袋瓜一下子就蒙了，待回过神儿我愤懑地捏碎了手里的薯片，把嘴里的残骸嫌弃地呸了一地，人喊："敢情你想当我后母！"

挑明身份的你霸占着我家饭桌的一角。我心里一阵不悦，心想：这么快就蹬鼻子上脸前来谋权篡位？我握着手里的筷子磨蹭了半天硬是没吞下一口饭。我爸担心地问：

"宝贝女儿！怎么了？没胃口？"我秉着不给你点儿厉害看看你不知道谁是这家女主人的心理，故作不经意地说："唉！有外人在，我吃不下！"此话一出，空气中肆意散播着无言以对的氛围，眼尖的我瞄到你略显尴尬的表情。我爸急忙一边不动声色地用手肘微微撞了我一下示意我别无端生事，一边乐呵呵地说道："你这孩子，李阿姨怎么是外人呢！今天的鱼特新鲜，来来来，都动筷子！"

你我之间的战争才刚刚拉开帷幕。

饭后，三个人各怀心思地围坐在一起看电视，也不知道是在什么节目话题的带动下，我颇为好奇地问："爸！我和李阿姨一起掉到水里，只能救一个的话，你救谁？"面对我突如其来的刁难，我爸立马摆出老练的架势，不慌不忙地说："你们两个我都救！"听到我爸模棱两可的回答，我暗暗咬牙切齿，心想：要是换成以前，我爸一定毫不犹豫地选择救我，这下可好，我竟堕落到和你一个外人平起平坐！也许你察觉到我的不满，急忙插话说："你爸肯定先救你，阿姨我会游泳，不用你爸救。"你很识大体的表现让我爸在一旁欢喜地点了点头，这一场暗战活生生地被你化解了。

越挫越勇的我使出了浑身解数。这不，情人节这天，我笃定你和我爸一定会来个浪漫约会，作为一个有使命感的女儿怎么可能让他得逞。就在你们有外出的苗头时，我硬拉着我爸聊着我在学校的种种烦心事，当然话题有凭空捏造和夸大其词的成分，但这并不妨碍我绘声绘色的演技。注重教育的老爸在我的忽悠下，很耐心地开导我。最终皇天不负有心人，你们的约会在我的阴谋诡计之下成功告吹。我暗地里得意地朝你挑眉炫耀，你一脸恍然大悟的模样让我狂喜。和我斗？门儿都没有！

某天，你和我爸逛完街回来，看你满面春风的样子我没来由地火大，我故意无中生有地说："李阿姨！我请你帮我买的辅导书呢？"你一脸疑惑。我故作伤心地说："唉，真是贵人多忘事，算了。"我落寞地一转身，就听到我爸对你小声地嘀咕道："你咋把我闺女的事给忘了呢？这可是促进关系的好机会。"你顿时哑巴吃黄连有口说不出。诡计得逞的我得意地笑，又得意地笑。

我对你的刁难，明的，暗的，卑鄙的，幼稚的，可爱的，可气的……十八般武艺全副武装向你激光枪似的扫描射击，你却丝毫没被我的架势击退，一如往昔地对我摆出温柔慈母的姿态。看来革命尚未成功，我还仍需努力。

这次，出远门前的老爸千叮嘱万吩咐让你照顾好我，这不，把我照顾到医院来了。

我爸闻讯赶来，一进病房就看到脸色苍白的我躺在病床上，旋即转头看到你正用湿毛巾为我擦拭额头上的汗珠。我爸爱女心切顿时抑制不住怒火，抢过你手里的毛巾气愤地扔在冰冷的地板上，毫不留情地吼道："你这是怎么照顾的！"

迷迷糊糊的我听到你断断续续的哭声。

你和我爸的男女朋友关系彻底告吹。

你被冠以新头衔，人妻，人母。

此等大逆转并非所料未及，事实上，我并没有铁石心肠到对你所做的一切无动于衷。

任性的我自顾自地在大冬天洗冷水澡，试图以损人不利己的作战策略给你沉痛的一击，可实践之后深感难受的我窝在被子里不停地发抖，最终还是被体贴入微的你及时发现。你马不停蹄地扶着我奔向医院，途中猝不及防地下起大雨，你毫不犹豫地脱下自己的外套盖在我的头上，生怕雨水溅湿我的身体。我亲眼看到你那单薄的身躯直直地冲到车来车往的马路上，你居然为了我不顾自己的安危在雨中拦车，继而低声下气地求司机载我去医院。

一路上你始终紧紧地拥我入怀，让我那冰冷的身体闯进一丝丝温暖，在我耳边荡漾的是你呼唤我名字的焦急声。第一次，我感觉到了母爱。

你为我做的何止是这些，你会因为我的一句假话，满大街地去找一本子虚乌有的辅导书；会因为我一句喜欢吃红烧猪脚，第二天摸黑去菜市场买好多猪脚在家不停地练习；会为在半夜踢被子的我温柔地盖好被子；会在我放学回家时，给我一句贴心的"你回来啦"。

由于我的任性之举害你被我爸不分青红皂白地气跑了。痛改前非的我在病床前虚弱地拉着我爸的手，着急地说："爸！你怎么把我未来的妈妈给气跑了？"老爸诧异着，下一秒紧握着我的手，喃喃自语："你终于接受了……我的乖女儿……"

其实我明白我爸一直希望给我一个完整的家，双倍的爱。在这个家里需要一个女主人，而我们一致强烈地希望这个女主人是无怨无悔地不断付出的你。在你和我爸的结婚典礼上，我问："自从《白雪公主》闻名四海后，是人都知道后母不好当！你怎么有勇气挑战？"面对我的小小的刁难，你竟略显害羞地说："我哪知道会碰上你这么个白雪公主！"

好吧，妈！你够格！

淡淡的幸福味道

虚 年

老吴和阿秀大概是青梅竹马，要不然为啥俩人在一个村里，俩人同一个姓，俩人都那么爱对方——

1

老吴是二十一岁时娶阿秀的，结婚证上的俩人合照老吴笑得异常灿烂，不大但有双眼皮的眼睛眯成了一条缝儿，要多甜蜜有多甜蜜。

可是……我第一次见到照片的时候差点儿憋到内伤。

噢，可爱的亲爱的敬爱的老吴，原谅我最后还是在你鄙视的眼神里笑得前仰后合，因为照片里的你中分且油亮的头发真的很强大！

顺便悄悄告诉你，阿秀曾和我说过，你跟她说你的头发像郭富城。嗯！阿秀还说你当时是用极尽自恋的口吻这么跟她说的。而阿秀跟我说的最后一句是："你爸也不脸红，就他那五官，他那脸肉，也敢那么自恋！那发型配他那脸明明就是汉奸嘛！"

所以，我一直想一睹传说中的那个你，所以，当我见到结婚证照片里的你，真的佩服只读到小学的阿秀的形容能力——那是极度贴切！无比客观！

但这些话可不能跟阿秀说，阿秀虽然不会像你那样鄙视我，可是女人嘛，难免会去想十几年前的旧事，难免会翻出些旧账，难免会感伤自己老了，难免……会再爆出些你的猛料！

嗯，这样您可亏大了哈。

2

每个人都会有段时间是难过的，阿秀也不例外。

当我还小的时候，妹妹还没出生之前，阿秀的生活是灰暗的。

困扰着她的是很多家庭的普遍矛盾——婆媳之战！但阿秀的情况比较特殊，从小在外公外婆和舅舅的照顾下保持着天真，而老吴的亲哥哥的媳妇那时善心计，据当事人阿秀所述，伯母那时过分至极，奶奶那时偏心至极。

后来我稍长大了点儿，妹妹也出生了。阿秀听说外地挣钱赚得多，便和老吴一起抱着才两个月的妹妹踏上了去往广州的汽车。

再后来妹妹回来了，托给了奶奶，两年后五岁的我被接到了广州，印象里那时的我已经有两年没有见到阿秀了，知道能见到阿秀好高兴，可见到阿秀时我却傻了眼。阿秀的秀丽长发不见了，只剩下了几寸的短发；皮肤也不白了，变成了黝黑的颜色。

阿秀见到我时很兴奋，露出了和老吴在结婚证照片里一模一样的灿烂笑容，她跑过来抱我。我没有躲也没有被她不再细腻的裂开了口子的手和变得粗糙的皮肤吓哭，却真真正正地被阿秀的变化弄慌了，如果不是她那带有熟悉感的笑容和早已刻在我心里的五官与身影，我也不知道当时的自己会不会哭、会不会躲、会不会伤了她的心……

于是我发挥了人类恐怖的适应力，在下一秒甜甜地喊了声"妈妈"，使阿秀的眼泪一下子涌了出来，泪光闪着，泪水流着，眼睛红着，裂了口子的手掌在我稚嫩的脸蛋儿上摸了又摸，再破涕为笑，现出了那灿烂的笑容。

都说阳光总在风雨后。几年下来，老吴和阿秀不仅养肥了原本骨瘦如柴的我，还养高了妹妹，最后还风光地建起了新房子，同时也圆了阿秀多年来的梦——当年伯母的欺负和奶奶的鄙视让原本并不坚强的阿秀坚强了起来，咬着牙和老吴在外打拼了九年，回到家，向她们证明了自己！

其实阿秀，不能恨过去，那是你的动力！你应该笑着去面对它，然后和它说声谢谢。

3

差点儿忘了一件事，一件大事！那就是——老吴在外打拼的几年里发了福，剃了头，没了他那郭富城一般的中分且油亮油亮的发型——成了平头哥，多了银白颜色的头发，还蓄了点儿扎人的胡须。于是老吴有了个怪癖——有剃须刀不用，能染发不去，偏要我和妹妹用镊子把白发和长出来的胡子一根一根夹下来。

当然，我俩是要酬劳的，唔，我承认我和妹妹一次要五块钱的行为无耻了点儿……

可是老吴捧着鼓胀的肚子回到家乡却越来越小气，每次向他拿点儿钱都是那么的困难……在这里我发誓！老吴他真的小气！连阿秀都说他太抠了！那可是十九年的伴儿啊！

但是老吴虽然小气了，虽然胖了，虽然有白头发了，他还是老爱老爱阿秀了。阿秀加班，老吴送饭去；阿秀要下班了，老吴一准儿从工作的椅子上起来，站在门口张望，通知我们老妈要回来了；阿秀病了，老吴就拿药端水，然后嗔她身体差还逞能；还有呢，如果和阿秀闹了矛盾，老吴事后总是一脸讨好地跟在阿秀屁股后面喊阿秀：

"梅梅，别气了。"

嗯，鸡皮疙瘩掉了一地……

4

老吴和阿秀可恶的一面是老想我去当兵，而且阿秀和我说时是眼里闪烁着光芒的那种表情："臭儿子，以后要上军校，当军官！"她这么说时妹妹正从楼上下来，她走到我死青死青的脸色面前一直憋到脸红成猴屁股那样，接下去就是一阵在我听来很犯贱的声音——嗯，我承认我当时希望她应该笑断气过去的，叫她笑我！

最可气的还是末了的那段话："妈，你说哥身上的肥肉都可以拿去过滤成地沟油了，一跑地面就会抖的家伙你叫他参军？哈哈哈……"

我不会告诉你我妹最后是被我连拖带拽地扔到厕所里面壁思过了。

我不会告诉你当时老吴是用谄媚的那种表情看着阿秀，用诱惑的眼神看着我，然后说的话的意思大概就是："亲，去当兵，做男子汉哦！"

我也不会告诉你我当时是用很冷很冷的、对他俩充满期待的眼神说："要去你们自己去！我不喜欢打斗，不喜欢拿枪，不想穿迷彩服，更不喜欢站军姿，再说，老吴你也没当过兵，你就不是男子汉吗？！"

而且呀，我也不会告诉你老吴和阿秀像水蛭那样黏着我，向我谄媚道"再想想，再想想"的表情让我三天看到他们都脑袋疼。

5

其实啊，老吴和阿秀的心病就是我和我家妹子。

我的成绩不稳定，而妹子爱打扮，打扮起来直叫阿秀抓狂——低胸、露肩加超超超超超超短裙！

他们都希望我成龙，妹成凤，可惜人老无福，我们兄妹老有默契地成了野生动物……

至今仍记得小时候在广州，受邻居小我一岁的孩子的影响，老哭着喊着叫老吴去买奥特曼的碟片给我，于是阿秀巧妙地利用了这一点，叫当时六岁的我在一本比16开还大还宽的本子上写字，否则不给买！

天啊！当时上幼儿园的我学的都是儿歌和1+1=2啦！

还记得有次放学下雨没带伞，校车快到站的时候，我急得不得了，到站时发现早上发着高烧躺在床上的阿秀正撑着雨伞站在雨中，当时我那个热泪盈眶啊，眼睛一定很红吧，真奇怪为什么五岁那次不哭，这时候却……

更记得妹子和我说过："从一岁到六岁都没见过老吴和阿秀。"听后，我鼻子一酸就泪奔了，妹子的确是这样的，在生命最初的一段时间后便和老吴和阿秀分开了六年。从妹子眼中忽闪忽闪的光里可以看出，妹子从小就想要老吴和阿秀的爱，同样的，她也爱老吴和阿秀。

老吴啊，阿秀呀，你们的儿子和女儿是爱你们的，只是这爱含蓄了点儿。

阿秀，我们俩虽然没法像老吴那样每次一看到下班的你就笑靥如花，但我和妹子在你难受的时候和你一起难受，还有三年前你和老吴决定再去外地时哭得比林黛玉还林黛玉。

老吴，我们俩也没法像阿秀下班看到准时在门口等她的你都会冲你翻白眼道："吃那么肥，去演猪八戒都不用化装了。"但我和妹子不总是给你夹胡子嘛，我和妹子还会拍着你比我还鼓的肚子调侃说："几个月了？"你通常是白我们一眼说："里面是钱，摸不得。"然后肥手一扫，把我俩的咸猪手挪开。还有还有，我俩会煮好吃的给你，只是你大都喜欢留一碗下来给阿秀。

嗯，这就是我家的故事了，是那种弥漫着淡淡幸福味道的故事。

老吴，阿秀，你们自己说说是不是那种淡淡的幸福味道？

蓝色信封上的茉莉

我的风筝，流失的年华

覃　怡

十二岁，我的风筝从天而降，落在我手里。

2008年8月28日，当你带着一个微微牵动嘴角的笑容出现在我的视野，原谅我目不转睛的注视。于是那天，你如风筝般降落在我不大不小的白色世界里。你牵出的线缠住我的所有。如梦魇，让我永远不能释然。

记得那时音乐老师教我们唱歌，是《北京欢迎你》。一句"茶香飘满清怡"让我成为全班的笑柄。面对全班同学，我坐在位子上，不知所措。我抬眼往前望去，停止笑的你转头看我，目不转睛。我只记得，那时的你星眸璀璨，在我的世界里久久闪亮。

当上班长并非我本意，但同学们针对的皆是我。你亦不例外，对我恶语相向。也许是因为你的态度较为突出，情急之下，一张纸条便在手中形成。我用极其天真的语气求道："能不能不要总是针对我？"只一会儿，那张纸条又重新回到我手里，你回道："凭什么？"我写下的语句显得十分苍白可笑，我也只是反问道："难道我们不可以好好做同学或是朋友吗？"你的回答有些文不对题，似乎有点儿小忧伤。你清秀的字体写着："难道我们最多只可以做朋友吗？"我有半分怔忡，没有再回复。一张淡蓝色的纸条重新出现在我的视野里，纸上仍是你的笔迹："笨蛋，我喜欢你。"我的心跳得很快，抬头看你，却只见你的背影一如往常，没有半分异样。快速低下头去，将纸条塞入兜里。那天晚自习，我十分忐忑，焦灼不安，但是你平静如水，无动于衷。

至于是谁泄的密，我无从追究，但我和你的关系开始变得莫名其妙。你对我不冷不热，一如既往。由于你翻墙外出，被迫停学一个月，我不明白你的情况，也没有对你过分地念念不忘……

那天晚上，你回校，当众念完检讨，环顾四周，只有我的身旁有座位。在班主任示意下，你在全班的注视和哄笑中坐在我身边。后来我想，这也许是我们认识以来最明目张胆的一次了。那天晚上，我的视线自始至终都没离开过窗外的树叶，但我的心思不知飘到了何方。也许我通红的脸出卖了自己的心思，但我还是希望别人没有看出什么端倪。

后来，我们就这样莫名其妙地在一起了。

我最喜欢你在球场上挥汗如雨，投过漂亮的三分，然后转过身，对我灿烂一笑。现在想来，倒有些许恼怒当时放不开的小矜持，没有为你大声加油，没有为你递水。只是在你打完一场比赛向我问起你今天的表现时，我忙于计算的笔一顿，脸上微微泛红。待我稳定心绪后，又埋头继续写写算算。说出一句"不错啊"想打发你，却在回头那一刻瞥见你的不开心，又笑着对你说："天地良心。"你也转头看向我，眉宇间都是得意的笑。于是，我们又打打闹闹，疯玩度日。

你的成绩很好，是我永远攀不上的高度，而我的成绩稳定，总在十名上下徘徊。说实话，我确实不明白为什么在课堂上总是搞怪的你会名列前茅，而我不能。

我记得有一次，与你闹了小矛盾，对你很冷漠，不顾你的表情，转身同身后的人说话。你显得很难堪，最终我们还是大吵了一架。现在想起，幼稚得没有理由。但你最终还是伤了我。十指连心，看着被你砸伤的小指，我终于在你面前第一次没出息地落下泪来。也是在那一天我才明白，你的自尊心究竟有多强。或许也是因为这个原因，而使我们最终仍走不到一起吧。

后来我们在冷战，谁也没有搭理对方。我开始频繁地在你面前提起《名侦探柯南》中的工藤新一，说他长得十分好看，还侧重提及对他无与伦比的喜爱。后来一连几天，你的脸色一直很难看。直到有一天，在我还没到教室的时候，你在黑板上写满了工藤新一的坏话。我走进教室，等我意识到发生了什么时，我一言不发，冷眼看你。僵持好久，你才叫你的同桌把黑板上的字全部擦掉。我也许是气坏了，冷冰冰地说："幼稚。"后来你写信向我道歉，还给我最爱的糖果。我在你的注视下把糖吃掉，于是我们又和好如初。

你看，在你面前，我永远只有弃械投降的份儿。以后的日子，有你陪我。你会给我讲笑话，会送我糖吃，会在我不开心时替我分忧。你不会花言巧语，却能在我最需要的时候给我慰藉。那时我想，若能这样天长地久该多好。我可以不要像其他人那样的轰轰烈烈，只求这样平平静静，永不反悔。

若能愿望成真，那我希望从那时开始叠加到现实上，即使赔上我这两年记忆的空白，我也在所不惜。除了第一年的美好，余下那两年里我过得黑暗又疲倦。我一直在想，若是存在时光机器，我愿能回到那第一年和你相处无忧无虑的日子里。只是，一切只是虚幻。

那段记忆黑暗到令我不敢回忆。即使向他人倾诉，也会有意无意对那段往事轻描淡写，一笑而过。因为从初二开始，你对我逐渐疏远冷漠。我渐渐迷惑，失了方向。后来也是同样的形式，你的纸条上写下："我们根本不合适，不是吗？"话已说得如此清楚，我又怎么挽留？后来我问你有没有一点点喜欢过我，你的回答十分决绝："从来没有。"

这幕场景梦过太多回，每每惊醒，皆是泪流满面，一切的一切，都只是我的想象吗？我们的所有，真的只是我做的一场梦吗？没有人能给我答案。

后来，过了很久之后，我才明白你态度转变的原因，有些啼笑皆非。我知道你们的事却是在我们即将各奔东西的第三年。我没有想到，你和她的相遇、相识、相处、相守比我预想的更加美好。我还有什么理由用过去对你而言不堪的记忆作为你们未来路上的绊脚石？当我得知你的她就是我最好的朋友时，我望着那天很刺眼的太阳，泣不成声。很久很久之后，我也没有办法形容我的狼狈面容，贯穿着我那些年愚昧无知的青春年少。

其实她的出现，在我极不甘愿的预料之中。因为我知道，最后陪你走的不是她也会是别人，但终究不会是我。因为，没有一种喜欢能比时光长，许了承诺也一样，但我一直自欺欺人，圈地为牢，做困兽之斗。

说实话，我宁愿是她，也不想和你在一起的是别人。所以，这个结果，我已万分庆幸。她有太多我没有的优点，她会写诗，会用细腻的语言来描写平常的词句。她温柔大方，待人真诚，办事能力极强，受同学们喜欢。也许她也有其他的缺点，但最重要的是，她得到了你的喜欢。

就像所有绝望溢出胸口，欲死方休，我只是不甘心不明白，你们那么甜蜜地在一起，让我隐蔽到窒息的不懈努力情何以堪？我一直相信这个世上没有什么事我们做不到，贵在人为，而我的坚持，在你一次次无情的打击下，终于坚持不下去，美梦幻灭。

你的所有贯穿了我三年的生命。而新的一年已经开始，我也不能再在回忆里独自黯然神伤。没有了你，还有更多更多的人值得我珍惜。

我们永远永远都不会在一起了。

所以，再见，再也不见。

我在深夏唱着关于你的歌

唐迷漫

感谢你在我生命中最美的年华出现，那个即将渐行渐远的我的单车少年，在六中要一切安好。

1月25日

都说时光是把杀猪刀，算算日子，你和我同桌的时光也有一年了，你的小癖好我都看在眼里。

我不明白为什么世界上总有那些个人，上课看小说睡觉，下课玩闹，也能把数理化学得呱呱叫，以至阿狗看到你的数学卷子都忍不住说："煌，厉害死了，考这么高分！"然而你总是云淡风轻地回以浅笑，摆着手说："哪里，哪里。"

"肥妞，物理卷子给我看下……46，哇哈，考得这么好！"

"没什么没什么，不想考而已，怕考好吓着你。"

"哎呀，肥妞你这叫酸葡萄心理，不会做的可以拿来问我嘛，哥教你。"

"那好啊，这道计算题，你把解题过程一步一步写出来！"我胡乱抓出一道反比例函数题掷飞镖一样掷到你桌上，不到十分钟你便递来答案，可与标准答案相媲美，使我不得不投你白眼一个。你歪歪扭扭的阿拉伯数字像极了你飘逸清扬的短发，虽然我到现在还是不明白这道题为什么这么做，但那张答案至今还完好地放在家里的抽屉里。

3月7日

上周和姐妹骑单车去江口翻了车，磕破了膝盖，弄得我无法直着腿走路，走路时一摆一摆的样子加上我魁梧的身材，你笑我颇像一只企鹅。

正当我一摆一摆下完楼梯欲穿越操场奔往停车场推车回家时，在操场上与别人追逐的你发现了我的糗样。你边跑边望着我春光灿烂地笑，"肥妞，腿怎么了啊？"

"摔了！"我果断而干脆。

"哈哈，叫你平时不多运动！"

这是嘲笑还是关心，我揣测着后半句话的意思，如果是出于关心的，那么谢谢你，如果是无心的，依然谢谢你，因为你的一句话，可以温暖我一个春天。

5月11日

老师按市质检名次排座位，你调到了我右边的右边，我们只隔了一个座位的距离，却似一万光年那么远，难道我们不是同桌了，擦肩而过就成了陌生人？你和你的新同桌聊得那么欢，你拽着她的马尾，抢用她的黑笔和复习资料，给她讲数学题的认真模样，是我再熟悉不过的场景。

只是后来我才发现，你对所有女孩子都一样，并没有与我有所不同。

是我想得太多。

5月20日

5月20日，对于任何一个心里住着秘密的人，都是孤单的。

黄天天跟我告白了，用蜡烛在天台上摆了一个大大的心。

兔子和珊都说好漂亮，我却丝毫没有心动。我说："我们还小，不懂爱。"他说："我可以等。"我说："我还要念书。"他说："我可以花钱去和你同一所高中。"我说："我已经有喜欢的人了。"他无言。

你看，这些都是你不会做的事，你不会说的话，却是我心中的无可取代。

后来我终于哭了，因为今晚陪我的人不是你，哪怕没有蜡烛没有星光没有情话；因为这个夏天过后就再也看不见你了，你会去六中好好发展你的理科，感性的我只能与文字为伴；因为你的名字是我的心事，放在心里已经很久了，只是你不知道，也不想你知道。

6月23日

最后一堂课上，你和她们在那儿说笑，唱着陈奕迅的《K歌之王》。

我静静地坐在座位上，与此刻的热闹是那么格格不入。大家旁若无人地狂欢，这色彩感极鲜明的画面，我却心里微微酸，有种想哭的冲动。直到下课铃响，那句话始终没说出口——中考加油哦，我没达到的优秀，你要帮我一起达到。如鲠在喉。

就这样，我们忘了告别，背道而驰，渐行渐远。

6月27日

中考的最后一天，数学，最重要也是我最薄弱的学科。

我鼓起勇气拿着我的黑笔走向你。这是我唯一能想到的与你说话的理由。

"嘿，把你昨天考试用的黑笔借我。"

"我笔太多，不知道昨天用的是哪一根，这根孔庙祈福的给你吧。"

"用了你的笔我数学肯定能考好，这是我的笔，可以把我英语和语文的好运气带给你。"然后你笑了，我也努力对你露出一个最美丽的笑。

离答卷开始还有十分钟，我坐在考室的角落里，轻轻拧开笔。笔芯已经被用掉一半了，可以确定是你昨天用过的那根，我嘴角上扬，有阳光漫进心里。

6月28日

我在空间更新的日志：

我不会告诉你，我有多爱你骑单车和打篮球时的样子；

我不会告诉你，当你对馒头说不需要我再帮你在卷子上签名时，我的泪滴落在课本上；

我不会告诉你，中考那天发烧我最想听到的是你的一句关心"你还好吗"；

我不会告诉你，我还想再听你扯着嗓子肆无忌惮地喊我肥妞；

我不会告诉你，整本同学录，只有你的一张是蓝色的，因为最特别的位置要留给最特别的你；

我不会告诉你，其实，我喜欢你整整一冬两夏。

何 必 再 见

唯诺·冀劼

你给的伤害

情人节。晚自习后。

天气不应景，下起了丝丝小雨。9点半放学的仅有高一年级，路上人并不多，却有很多成双成对的。四角的霓虹灯闪烁着，五彩斑斓，多么美好。我拎着书包一个人走。

"卢越！"一个熟悉的声音从身后传来。转过头，看见了那个当初喜欢如今却恨的人——汪辰。他无视我的存在，从我身旁穿过，我却瞬间从空气中捕捉到了属于他的独特味道。

"怎么不等等我？"汪辰嗔怪着将手中的礼物塞到

那个叫卢越的女生手中。女生呵呵地笑着，带着幸福的笑容，抚着精致的礼品盒。

汪辰转过头看见我，似有歉意地笑了笑。

眼前的世界渐渐模糊。

我愤愤地抬起拎书包的手擦了擦眼。

"走，走，快点儿去看看班正和班副！"身后几个男生跑上前来，撞到了我，我一个趔趄，差点儿跌倒在地。

那是汪辰的同学，当初我和汪辰一起走时，他们也在后面起哄。如今，他们却不认识我，呵呵！这可真是物是人非啊！

我站着看他们远去的背影。我知道他是故意的，只是不明白，他们何必如此伤害我？

"晓瑄，怎么不走啊？"一位同学上前向我打招呼。

我低下头，眼中的泪终于滴落到地上，绽放成一朵花的模样。

曾经的美好阳光

初二分班。我进班报到，一眼看见了汪辰。

彼时的他黑黑瘦瘦，个子比我高不了多少。浓密的眉毛，黑框眼镜下小小的眼睛露出狡黠的目光，高高的鼻梁，薄薄的嘴唇紧抿着露出尴尬的笑。

似乎在哪儿见过他，有点儿面熟呢。

后来才知道，我们曾因成绩不分伯仲被分在同一考场。

没有成为同桌，没有成为前后桌，我们在教室的两边，距离遥远，却不知如何熟络了起来。汪辰总爱向我借笔记、借文具，考试也会等我一起去考场。

有次考试结束后，汪辰和一名女生一起有说有笑。我不知是什么心情，斜着头眯着眼看他们。等他再找我时，我说："你不是有××吗？"汪辰转头看着我坏坏地笑了，"吃醋了？好了，别不开心了，我和她只是随便说了两句。"

我想：汪辰会不会喜欢我呢？一颗无名的种子播在我心里，并开始生根发芽。

原来你也喜欢我

初三，我们不同班了，我渐渐淡忘了他。

中考，理想中的重点高中。返校拿录取通知书，惊喜地看见了汪辰。招手，微笑，却没有理想的回应。汪辰瞥了我一眼，匆匆跑开。

登上QQ，汪辰头像亮着。我迟疑着不敢点上对话框，说不定人家忘了你呢。

忽然，汪辰的头像一闪。

"好久不见啊，好像我们同校啊。"

"嗯。"我刻意掩饰自己激动的心情。

"晓瑄，我喜欢你。"似乎此语酝酿已久。

"什么意思？"

"如果你没有男朋友，我愿意啊。"

我笑了，泪盈于睫。原来他也喜欢我。

"好啊。"

你们笑的模样

开学后，我放学会等汪辰，在食堂会和他在一起吃饭，甚至帮他打饭。闺密说我们互换了身份。

可两个星期后，汪辰说："你不用等我了，同学看见不好。"

我答应了他的要求，天真地想，他开心便好。可我们疏远了。

后来很少看见汪辰了，我开始惦记，像得了强迫症般，凡是可能遇见他的地方，我都拼命地四处张望，寻找他。于是，我也看到了许多令我心酸的场面。

"小班，我挤不进去，帮我打一下饭啊。"

"小班，我饭卡上没钱了，你请我吃呗！"

一群女生围着汪辰，笑脸花一样绽放。汪辰也含笑答应，任凭那些女生拉他的衣袖撒娇。我皱眉，走开。

我很少登QQ，可为了和他说话，我跑去了网吧。他不在线上，点击进入他的空间。

"卢州越光，洒在心上。"这样一句话突兀地待在说说里。什么意思？歌词？特意改了两个字。卢越？直觉告诉我，这是个女生的名字。我茫然，心有点儿凉。"我的心很小，装一个你正好……"还有这样的语句。我失落地下线了。

没事，没事，说不定是自己想多了，可还是总想到"卢越"。

撕下你的伪装

我的直觉是对的，在同学帮忙打听后，我知道了真有个女生叫卢越，汪辰同学，是他们的副班长呢，和正班长多配啊。

心碎了一地，再拼凑不起。我不接受他人的青睐，等你一个不确定的未来，却只换来了伤害？找到汪辰，他一副漫不经心的样子，笑着说："不好意思。"我看到了他撕下伪装后的无赖。"我明白了，你走吧。"

我在QQ上删除了汪辰，不想与他再有任何交集，于是一组列表空无一人。远远地看见他，也会刻意避开。我想我们无话可说了。汪辰从群里拉出临时对话框说和我做朋友，我拒绝了。

不见，不念，不怨。或许这就是最好的结局。

等你带我去流浪

晞 微

应海忠。

一切就像做了一场梦，一觉醒来，只有脸上的泪痕是真的。

茫茫人海，我就此失去一切，流年逐渐把过去掩埋。

桃花眼的男生桃花很多啊

初春时节，花花草草都开始萌芽，空中有淅淅沥沥的雨飘落下来，渗进土中，消失不见。天灰茫茫的，很压抑。

我和小枫有些兴奋地坐在大礼堂听上面的专家演讲。听到后来，兴致索然。我掏出手机插在耳机上听歌，微微闭上眼。不一会儿就有人从后门溜进来，坐在我身边的空位上。我没转头，继续听歌。

这时候有人拍拍我说："同学！"我转过头问："怎么？"男生有些不好意思地说："你耳机声音太大了，我都听得到，你这样会被抓的。"

我有些感激地对他笑了笑，把耳机声音调小，继续听。课结束后，我随人群一起走出教室。在光线明亮的地方，我看清了男生的脸，狭长的桃花眼，穿蓝白相间的T恤，白色帆布鞋，长得比女生还清秀。

我撇撇嘴心里想：桃花眼的男生桃花很多啊！

你是我的眼

后来每次去礼堂听课、参加活动都能碰到那个男生。他人很是友好，经常为我们占位子。慢慢地我们也就熟络起来，知道他叫应海忠，是三班的。

又一次，我照例听歌，听到林宥嘉唱："你是我的眼，带我领略四季的变迁……"我忍不住转过头看应海忠。他正趴在桌子上玩手机，我第一次发现男生的睫毛也可以这么长。一瞬间我发现自己有点儿不好意思，忙迅速地转回身，继续听歌。

一起去流浪

我趴在桌子上感叹中考快到了。应海忠说："是啊，马上就要毕业了。"我转过头去，看着他认真的神色，突然就觉得时间过得太快了。

我们一人一只耳机，懒懒地趴在桌子上听歌，筠子的声音流淌在耳机里："你举着一支花，等着有人带你去流浪……"应海忠听着听着，摘了耳机说："毕业考试我要是考不过，就去流浪，你去不去？"

我微笑着说："好啊，我举着一支花，等你带我去流浪。"

他也笑着说："首先，去西藏，再去苏州……"

我们就这么在窗前说了很久，太阳光暖暖地照在身上，很舒服。

不要说再见

中考完后，我收到应海忠的信息："我走啦。"

我回过去："去哪儿？"

他半天才回复："西藏。"

我有些惊诧："不是说好一起去吗？"这次好久好久都没有收到回信。

很久以后，他从西藏打来电话，轻轻地笑着说："你要读高中，我不要，我去了要很久才回来。"

我问："多久？"

他说："嗯，或许是几个月，或许是几年，或许我住在这儿就不回去了。你在那儿要好好的。"

我们沉默了很久，他又说："不要和我说再见，这样下次我给你打电话就有借口了。"我"嗯"了声，心里有些苦涩。

茫茫人海，就此掩埋

十月，独木舟出了新书，赠书里讲述了她在西藏的经历。我抚摸着照片上的天，大昭寺，五颜六色的经幡，想起那个桃花眼的男生，心中溢满惆怅。

独木舟在书里面说："越是看见海阔天空，越是遗憾没有你分享我的感动。"而我看着里面那句"我举着一支花，等你带我去流浪"，泪就大滴地砸下来。心里想着一个可能永远也见不到的朋友。

茫茫人海，就此掩埋。

亲爱的胖女孩儿

小 初

世界上有这么一种人，顶着万中无一人人艳羡的好身材，却会附在你耳边轻轻说："其实我好想变胖些。唉，对对，就是你这种身材，瞧瞧，多好啊……"

1

我曾不止一次地想掐死阿喵。

比如此刻，此猫掐着自己腕上的骨头，幽幽怨怨地叹了一口气："唉，怎么还是这么瘦？明明吃了很多了啊……"

阿喵年方二八，正是青春年华，面容姣好，身材高挑——一米六五的个子，体重却不足四十公斤。这对身高一米六、体重已超五十公斤的我真心是个莫大的打击。

我微笑道："亲爱的，你再说一句我就把你扔进河里喂鱼。"

阿喵微微垂眸，托着下巴笑得温柔。"小鱼你暴力了。"

"其实人家好温柔的。"我翻过手掌细心看，白白胖胖的，我想搓一搓没准能搓出油来，"只是人家比较内敛，你看不出来罢了。"

"那你可真厉害，我一点儿都没看出来呢！"阿喵笑眯眯地看我。苏苏忽然投下阴影，一只手轻轻拍了拍她的桌子，说："阿喵，讲一下这道题好不好？"

"好的。"阿喵笑起来，眉眼弯弯像秋天弦月。

我没去打扰他们，自己拿出题目开始写。阿喵正在画受力图，清秀的容貌，认真的表情。男生略略弯着腰专注地看着，我甚至能想到他必是眉眼微垂，宁静的模样。

他距离我只有一张桌子的距离。

距离阿喵不过一掌。

2

放学我和阿喵一起回家，家里都没有余粮，便拐进了超市。阿喵不客气，直奔糖果区，奶糖巧克力饼干统统扫落，大有席卷之势。

她扫荡完毕，回头看购物篮里我选的东西，愣了一愣，问我：“改口味了？”

我咳了一两声，含糊道：“是啊，那些东西吃腻了，吃些清淡的。”

阿喵没多想，“哦”了一声。扭头踮脚，把放在货架上方的一罐德芙拿下来，扔进篮子里。

结账的时候，阿姨听到阿喵分开装的话，看看我又看看她，伸手极快地将甜食和水果分作两堆，分别装袋。

“不对吧！”阿喵这时注意到我还买了柠檬，“小鱼你不是最讨厌柠檬的吗？”

“呵呵，最近喜欢上了啊。”因为听说柠檬助消化，可以减肥。

阿喵还是皱着眉，“为什么我还是觉得有点儿奇怪……”

“别多想了。”我嘻嘻哈哈地拎了袋子走，真心觉得胖唯一的好处就是拿着两袋吃的还能健步如飞。

“哦。给我吧，我来就可以了。”

其实她不知道，有一次我一个人来买吃的，正要伸手去拿最爱的巧克力，碰到了同学。

同学讶异地看着盒子，又看看我，说：“小鱼，你不是说一定要减肥到阿喵的程度吗？巧克力不是容易胖吗？”

我僵在原地，干笑一两声，“对啊。不是我吃，我帮阿喵买的。”然后很自然地指指身旁篮子，“瞧，这才是我的。"

同学看着那一篮子水果蔬菜，恍然："哦哦哦。"

可是天知道我当时多么难过。

我常常向阿喵抱怨自己胖，阿喵却总说我这样很好，身体匀称，有力量，不会弱不禁风。

可是她根本不懂我是多么渴望拥有她一般的好身材，可以穿什么都合身，穿什么都好看。

还有苏苏喜欢。

3

苏苏约阿喵去溜冰。阿喵硬要拖着我一起去，我死活不肯，阿喵索性道："小鱼不去，我也不想去。"

我挠头了，最终还是苏苏轻描淡写的一句话解决问题："一起去吧，我还有一个朋友。"

哦，懂了，原来已经有个电灯泡了，如果我不去，那只电灯泡在他们之间会更闪亮。

只是到了溜冰场，我真心悔得肠子都青了。

苏苏的那个朋友竟是学校贴吧疯传的二号校草林言。

苏苏排第一。

阿喵很会滑冰，她换上旱冰鞋便在场地中穿梭起来，身体灵巧得像一只蝴蝶。苏苏跟在她身后，偶尔会绕个圈滑到她面前，两个人就一起向前滑，身形相依，始终不弃。

我看了一会儿，叹了一口气，慢慢进了场。我顶多能向前滑行，笨重的身体不允许我像阿喵一样自如地转弯滑出花样来。林言很体贴地跟着，抬头看了看那两个人，惊讶道："没想到阿喵滑得这么好。"

我扯了扯嘴角："是啊，她很会的。"

顿了顿，我又道："其实我和她算是半斤八两。不过她是半斤黄金，我八两废铁。"

林言被我逗笑，挑起嘴角眉眼弯弯。可是他没看到我的表情，纠结得像只可怜的苦瓜。

阿喵滑过来打了个招呼去买饮料，我抬头忽然看见林言眼底一闪而过的落寞。

我故意开口："好羡慕阿喵的身材。"

林言笑了一下，"你这样也很好啊。挺可爱的。"

我嘻哈地笑，扭头目视前方，在心底轻轻问：是不是所有男生都喜欢瘦女孩儿？

4

争吵的爆发只在一瞬间。

苏苏送阿喵回家，离别时轻轻拉了一下她的手。我远远跟在后头，心底忽然酸得可怕。

第二天阿喵看到我发虚的步子，皱眉问："你昨晚上又没有吃吗？"

我"嗯"了声。

"你这样不行啊！"阿喵看我毫不在意的样子，急了，"好好的减什么肥啊，你这样多好！"

她和苏苏亲昵的画面浮现在我的脑海，我忽然无名火起："你懂什么？你这么瘦你当然不担心！"

不用担心会穿不进显身形的衣服，不用担心搭别人的自行车时会爆胎，不用担心……没有人喜欢。

阿喵愣了一下："什么啊？"

我烦躁地摆手："没什么。"

阿喵回过神儿来，有些生气："你以为瘦就一定好吗？我天天想着怎么变胖些，搞不懂你怎么想的！"

我彻底爆发了："对，我是胖行了吧？你至于总抱怨自己瘦来讽刺我吗？"

阿喵气得脸色发白："我从来没有这么想过！"

我冷声："够了！"

我向前紧走了几步，却没有听到回音。"喂。"我回过头，大脑轰的一声炸了。

阿喵没有气得走掉，也没有委屈地蹲在地上哭。她倒在地上，不省人事。

5

阿喵晕倒的原因是很多瘦子都有的毛病：低血糖。

我终于明白为什么她说瘦一点儿都不好——她必须随身带糖，必须在运动时尽可能补充能量，纵使如此，她也常常感觉头晕乏力。

阿喵躺了半天才有力气抬起头来吃东西。苏苏沉默地坐在病床边上，慢慢把饺子喂进她嘴里。

阿喵看我内疚的样子，笑了笑，"你看到了吧？瘦真的一点儿都不好的。"

我低着头，声若蚊蚋："嗯。"

苏苏面无表情，"叫你多吃一点儿了。"

阿喵不服气："我确实有吃很多啊。我一餐吃两碗饭呢！还是大碗！"

我做出极夸张的同情表情，"这样都没胖起来啊？"

"是啊！"阿喵苦着脸，"我好可怜！"

"活该。"苏苏轻轻哼了声。

阿喵不淡定了："我说，这不能怪我吧？"

"是哦。"苏苏挑眉，"要怪阿喵。"

我"扑哧"一声笑了。

6

几天后的自习课上，阿喵忽然一声轻咳，我低头，小纸团默默滚了几下，撞在手背上。

我打开小纸团："亲爱的！我昨天发现我重了一公斤，好开心。"

我微勾嘴角，提笔写："是衣服重了吧？嗯，冬天到了。"

阿喵："你别打击我成吗？"

我："哪有？哎呀呀，我忽然觉得我身材好好。"

阿喵一看回话，"哼"了一声，她撕碎纸条故意把凳子移开了些。

我轻轻一笑，想了想，抬手翻开本子，写下一行字："亲爱的胖女孩儿，上天赐予你看似的不完美，是为了让你更健康更快乐。做好自己，便是最美。"

撕下这一页，折成飞机模样，打开窗户，迎着风，放飞。

蓝色信封上的茉莉

小 微

1

晚自习休息的时候收到郝臻的信，一个蓝色的小信封，上面是他手绘的两朵花，系着蝴蝶结，不知道他画的是茉莉还是玫瑰，没有上颜色。我知道茉莉花是白色的，我的一条裙子上也绣着一朵茉莉，是妈妈绣的，她说像茉莉花的女人会很幸福很幸福。我希望他画的是茉莉。

我最后一个离开的教室，在座位上我写了一条信息发给他，按键的时候手在抖。

"你画的是茉莉还是玫瑰呢？不知道该对你说什么了，我不去操场，你早点儿回寝室啊！明天还要早起呢。我们是不可能的。"

信息改了三次，最后把"你愿意等我吗"删了，写上了"我们是不可能的"。我想，只有这样彼此才不会受伤害。

回到寝室躺到床上后我一直在想，如果去了会怎样呢？

深夜11：56，我打开关掉的手机，我以为他会回信息的，他会说"我们还是朋友啊"，或者是"我逗你玩呢，你还真当真啦，傻妞"。等了好久，调了静音的手机也没有振动。眼泪静静地滴在手机屏幕上，滴在"你不许伤心"上，那条信息他没有收到，按了发送后我接着就按了"取消"。

2

我不知道"喜欢"是什么，我还是一个十六岁的孩子。

身边有太多的人，他们聚了就散，像一场烟花，在夜空中只是短暂的绚丽。

我不喜欢短暂的绚丽。

3

我害怕的事还是发生了。与他接连三天一直没有联系，也没有见过。

他的教室在三楼，我在二楼，我们是有机会碰面的，但一次都没有——他在躲着我。

一次在食堂碰见他的同桌，我问他怎么很少见到郝臻，他问我是不是拒绝他了，我不作声。他告诉我郝臻为了不碰见我总是很晚下楼去吃饭，早晨起很早。

我决定去找他。

他就坐在走廊这边靠着第二个窗子的位子。我来到他的窗外时他正低着头似乎在想什么，看见我时他憔悴的脸露出惊讶。我问他准备躲我多久，他沉默了。

"如果你还当我是朋友的话，请你别再躲我了，我不想因为一封信失去一个朋友。"

"你走吧，你说过我们是不可能的。"

说完他就回教室了。我在走廊停了一分钟左右也就下楼了，没有转身看就在身后窗内的他，也许他一直在看我吧。

开始有点儿后悔删去了"你愿意等我吗"。改变决定只是在一瞬间，坚持一个决定却是不知期限。

这天下了一天的小雨，楼梯湿漉漉的，去寝室的路湿漉漉的，心情也是湿的。

4

时间像水一滴一滴地流逝，不知不觉就到了星期日。

这天心情还好，早晨起床后就简单收拾了一下挎包，准备回家。

在学校门口等公交的时候碰到燕燕，她告诉我看见了郝臻和一个女生在一起。

搭上回家的公交车时脸上是挂着笑的，我坐在下车门后的第一个座位，9点的太阳光照在身上暖暖的。我突然想起和郝臻的相识。

高一开学报到的那天，在拥挤的公交车上，我站在车厢的后面，扶着右边一个椅子的边缘，坐在那椅子上的人就是郝臻。车在上一个坡的时候我没站稳，我的头碰到了他的鼻子，左脚踩了他的右脚。我说了十多句对不起。

第二次见面是在学校的食堂，他坐到我的对面，我一看见他立马就认出来了，我说："嗨！"他看了看我，脸上的表情是：我想起来了。

从陌生到熟悉，从好朋友再到现在的形同陌路，这个过程整整两年，不算短，也不够长。

我提前一站下了车，我知道在前面有一个花店，我走进店里的时候店主正在给花浇水。店主是一位端庄的中年女人，我拿出那个信封给她看，"阿姨，我想问一下这上面是玫瑰还是茉莉。"

"是茉莉。"她还告诉我茉莉花的花语——你是我的。

从花店出来后我的步伐轻松了许多。我，为什么会开心呢？

他一定知道茉莉花的那句花语，如果不是，为什么画茉莉呢？

5

吃晚饭时我准备告诉爸爸妈妈那封情书的事情，想问问他们有什么办法可以使我和郝臻回归到从前一样的好朋友，但我最后还是没有说出口，不想他们操心。

6

我很开心，觉得拒绝郝臻是对的，至少那不是错的。

我是喜欢他的：听到他和别的女生在一起我会心酸；知道茉莉的花语——你是我的，我很开心。

但是，那又能怎样呢？

"这个蓝色的信封我会一直保存，你画的茉莉，我很喜欢。你会等我吗？我不知道。希望你会。十年，如果你真的爱我，等我十年。"

这段文字我写在蓝色信封茉莉花的左边，十年后给你。

如果爱我，请等我十年。

寂寞不说谎

醉世红唇

D 先生与菲小姐的 one、two、three

如果说每个人都是一颗星星，那我，大概是夜空中最黯淡、最孤单的一颗吧。感谢上天，让我在最忧郁的那段日子里遇见了你。我曾相信，冥冥中有一种力量，让我们命运的轨迹有了交集。

你就像太阳，驱走阴霾，温暖绽放。墙角的青苔开了花，芬芳取代阴暗和潮湿，盛开在夏天的斑驳里。

你还记得吗，我曾不止一次说过，你与他十分相似。我的记忆里，一直都存在着一块很空很空的区域，每一张脸，无论多具特色，我总有一种把人认错的天赋。

那个夏天，阳光耀眼，投下一块块墨绿色的暗影，不知名的虫子喧嚷着，奏响专属盛夏的交响曲。理所当然的，傻子一样道歉，甚是煞风景。你摆了摆手，嘴角上扬，我矫情地想起小说里出现频率最高的句子："那个男生，有一双琥珀色的眸子，像漫画里走出来的少年，握紧灰姑娘的手，住进一个幸福永驻的国度里。"可惜，你的灰姑娘不叫里奇。

那天，路上出了点儿事，赶到的时候，还是迟到了。我的数学不好，无奈参加暑假补习，而你，刚好也在那里。

"喂？"手指无心按下扩音键，刺耳和尖锐没有预兆，炸弹一样在安静的补习室里炸开了洞，刚好把我砸中，无比剧烈和沉重。笑声传来，是你。热气爬上我的脸，如一个狼狈的小丑，带着未化好的妆，在舞台上突兀地出现。我看了你一眼，很认真的样子，性格一直内向的我，把那当成了嘲讽，认定的王子成了万劫不复的恶魔。出乎意料的是，你竟然低下了头，像个犯了错的孩子，小小的补习室空气瞬时凝结，留我一脸尴尬。后来，是你打破了这诡异的气氛。

"Feiliji？"原谅我，根据你的读音，拼出这份不符合任何语法逻辑的单词。我猛地一抬头，时间仿佛在这一刻停滞，小小的补习室只剩下你我以及这迅速消失在空气中的音节。自上次迟到后，我开始习惯提前一个小时报到的日子，这源自我那该死又可笑的自尊，它总喜欢倔强地暴涨。

不久，老师姗姗来迟。例行补课，乏味而无趣，原谅我无法三心二意，这个单词强行攻占了我所有能思考的位置，任何公式和定理都无法在它野蛮的进攻下苟且残喘，就像周末繁华时段的巴士，永远都容不下一点儿缝隙，让人呼吸。

"Dailuoman！"一向奉行与世无争、处世淡然的我第一次有了想要反击的欲望，事实上，我正是这样做的。你抬头，见我一副笑得很贱的样子，茫然几秒后，你笑得疯狂。霎时间，一个历史书上出现频率极高的经典画面飘至眼前：当年，外交部部长得知中国重返联合国的表情在你的脸上得以重现。

开始是结束的结局，结束是开始的重启

我一直都是个很容易付出感情的人，对每一个安慰伤痕的人都给予回应，就像长在石缝里的野草，只需要一丁点儿阳光，就能长得茁壮。

于是，从某一年的某一天某一秒开始，我好害怕。好害怕在某个平淡得难以被铭记的日子里，你会发现，我如丝般缠绵悱恻的情愫正沿着阴冷潮湿的墙角拼命挣扎，然后厌恶和失望洪水猛兽一般地把我吞没。刀剑尖轻轻滑过，添上一道不深不浅的口子，猩热的液体涓涓而流，一

旦碰触，即便是骨头也不得不被连累。也许用不了多久，我就可以熟练地拿麻木填补；也许用不了多久，时间就能抹去痛楚；也许用不了多久，一切都能回到昔日的轨道上重新运行……但请别忘记，事实所固有的残忍属性，无论你在不在意，它就在那里，不离，不弃。

我想我会一直记得那天晚上的窗口，那天晚上的你，那天晚上的他们，那天晚上的自己。

我陪他到你们班上借教材的时候，你和她正在嬉戏。我的手轻轻按住心脏跳动的地方，却并没有感受到那些标着一百元三本的小说里提到过的类似于钝器所伤的感觉，只是突然间发现地球上的氧气有些不够用了，让人连呼吸都不得不费些力气。看来，我好像并没有想象中那么的喜欢你呢。

他告诉我，她是M中的重点关注生，一旦打赢了最后一场仗，必定前途无量。曾经，我一直以这间全省排名第一的重点高中为目标，而现在，我已丧失了这种资格。嘿，那样优秀的女生，与你很是相配呢。

你猛地抬头，我一愣，以光速收起所有的失落，正当我准备展示在镜子前练了好久的微笑时，你却低下了头。沉沉的石头砸碎了所有泡沫。一种无名的恐惧悄然袭来，将我层层包围，拼了命稳住的脚步提醒我，日夜担心害怕的事，终于踏着夜幕里唯一的亮光，气势恢宏地奔腾而至。

"铃铃铃铃铃……"中考在最后一个重音的伴奏下淡出舞台，我陪他再次来到那天晚上的窗口。走廊上，你在一群男生中间倚着墙站着，你应该是不想看见我的吧。

"Feiliji"是你，温暖如初。如临大赦一般，我轻轻点了一下头。你身边的男生们吹起了口哨，我拉起身边的他，逃似的跑了。狠狠地压下心中所有的波涛汹涌，直到平静如初。

毕业典礼那天，我们在最初的地方相遇。熏风撩起墨绿色的暗影，阳光拼尽全力只为弥补所有的缝隙。

"去了哪里？"

"L中。"还想问些什么，你却被身后的人喊走了，甚至还来不及重复你的问题。中考发挥失常，我与M中终究还是被几分拉开了距离。

寂寞不说谎

高中生活的某一天因为你的出现而显得格外不同，那大概是我们的最后一次联络了吧。

那天我收到一封多方转发的邮件，你的名字出现在跟我一样的位置上，这样的惊喜实在太过恩赐，以至于我反复确认是否戴上了眼镜。记得春节联欢晚会上有个叫龚琳娜的女人"忐忑"地红了，按下右手边的按钮后的感觉就像是一百个龚琳娜对着我唱《忐忑》，我未曾像这样般地庆幸过自己是个身体健康的孩子。

在得知我的身份后，你突然开始了一连串的沉默，在我对着电脑屏幕中播放的苦情剧哭得稀里哗啦的时候，你采取了一个很极端的方式制止，当"我以为我们再也不会联系了"出现在我的视网膜上后，我家出现了一个中了五百万的疯子。

你顺利地在M中开始了新的生活，我们的命运也开始擦肩而过。寂寞的人明明那么多，为什么却偏偏选上了我。

亲爱的D先生，当你呼吸着我所呼吸的空气，触摸着我所触摸的雨，听着我正在听着的歌时，你是否会想起那些刻在心底泛了黄的记忆，是否还能想起那年的青草，那年的我和你？

寂寞不说谎，它只是喜欢把悲伤转嫁。

想念是我唯一的秘密

阿　狸

1

很想用最原始的鹅毛笔，记下关于我们的点点滴滴。所有美丽的话都送给你好吗？我把自己沉浸在想念的世界里，看着周围变换的场景，你长高了，头发比原来长了，眼睛比原来更清澈了，脖间的喉结显得很突兀，这一切都和原来不同了。你很久没有对我笑过了，你原来的那个灿烂的笑脸在我的脑海里模糊了又清晰。

这是我第一次郑重地写你。

我们小学五年级的时候认识了。你是插班生，搬着你的桌子椅子来到我们班，具体已经记不清了，当时你只是路人甲一个，我只是路人甲身边的路人乙，同窗一年。

　　后来我们上了初中，居然又是同班同学，初二时我们竟成了同桌。那时的你总爱开我的玩笑，印象最深的是，你说我的脸像你妈烙的大饼。唉，现在想起，还是很想跟你说：这位同学，有你这么形容女生的吗？

　　还记得有一次学校选拔学生参加演讲比赛，在校长办公室里对自己信心满满的我，竟然落选了。失败的我从校长办公室奔回教室，同学们都在上早读，我喊了声"报告"，眼泪就差点儿流出来，于是我急忙回到我的座位上，掏出书来。看见你正在看着我的眼睛，委屈的泪忍不住便悄悄流下来了。我急忙低下头，怕你看见我的眼泪。忐忑中感觉到你轻轻地碰了我一下，抬起头来，是你递过来的纸巾。

　　虽然这个镜头很平淡，甚至有点儿庸俗，但我承认，我还是被感动了。

　　接过你递给我的纸巾，擦干了眼泪，觉得很不好意思，于是转头看看你。你也转过头来，于是我看见你的眼睛，就像被雨水冲洗过一样干净澄澈，你的眸子中透出的那抹冰凉的蓝，让我想起了我最喜欢的那片天空。

　　仿佛那个时候的云层，突然透出了一丝光。

　　你便是那道光。

2

　　在班里，有一位长相很奇特的人，可以说很丑，我们的一大爱好就是笑话他。

那时候，我们在上课时，总是翻着书，搜罗着上面的猪狗猴羊，以及很丑很诡异的历史人物，然后笑着命名他为那个班上最丑的人，捂着肚子趴在桌子上笑得不能自制，尽管正在上课的老师已经用警告的目光看了我们很多次。

就是这样的一段时光，我们在课堂上偷偷地笑，偷偷地说话，偷偷地骂着那个最丑的同学，以至于我们的每一本生物书、政治书以及历史书上的每一个令人反感的丑人物、各种各样的滑稽动物，都被我们默契地指着说是他。现在想起，去翻看那些曾经一起在上课时不可理喻地笑起来的那些图片，有的旁边甚至还有我们用铅笔写上去忘记擦掉的话，这些在原来司空见惯的行为，在现在看来，都感动得想哭。

有一次我和一位男生正在讨论一件事，意见发生了不统一，这时你走了过来，他便拉住了你，把我们两个人的意见说给了你听。听完以后你没有发表评论。那位男生急了，问你："你是相信我的话，还是相信她的话？"说罢指着我。我直视着你，听见你慢慢地说："那我问你，你是和男的结婚，还是和女的结婚？"我愕然，这句八竿子打不到一起的回答，你的语气却从来没有这么认真过。那个男生甩下一句："那你和她结婚去好了！"你没有说话，我狠狠拍了那个男生一下，着急地说："你瞎说什么

蓝色信封上的茉莉

呢！"我侧眼朝你看去，在吱呀旋转的电风扇下，你微微低着头，额前的头发轻轻摆动，看不见你的眼睛。我突然感觉夏天的风吹红了我的双颊。

有种淡淡的感动飘浮在介质中，好像那个夏天，突然间就凝固了。

3

我爱上了吴尊。开始和每一个追星族一样看他的影视剧，搜集他的新闻，捕捉他的动态，和周围的人讲吴尊的好，吴尊的可爱，吴尊的种种。

由于和你坐得近，你成了我侃侃而谈的对象，和你说吴尊，是我每天的必修课。你总是在我说吴尊的时候说一句："老天，又是吴尊，你中毒了吗？"

我也总是咯咯地笑，说："是呀是呀，吴尊简直就是美丽的罂粟啊！"

你露出无奈的表情，可爱极了。

你是我的听众，我是你的演说家，哦，多合拍啊。

有一天，我无意中发现，你长得居然和吴尊有一点儿像呢！这简直就是个天大的新闻啊。我看着你，心里直想着，哎呀，这目光，这神态，这笑容，怎么那么像吴尊呢？

我微微笑着，看你的侧脸一气呵成的温和线条，就会莫名其妙地感动。

你反而不理睬我说你长得像吴尊，每每这时，你总是微微皱起眉，摇着头，说我是想吴尊想疯了。

我会一本正经地告诉你，等你长大了以后，就去参加吴尊的模仿秀，你会红的。

你也会一本正经地对我说你没兴趣。

这个时候的空气中，仿佛都飘散起花季的芳香。

其实那时的我从来也没有想过，你这个小男孩儿，会使我怀念不已呢。

4

还记得你给我起的外号，用你的原话说是俄罗斯的名字：臭死的豆腐斯基。因为我爱吃臭豆腐，所以你总爱对我说："赵臭豆腐，放臭的豆腐，臭霉豆腐，臭豆腐大婶，臭死的豆腐斯基，飘臭万里臭豆腐，臭豆腐臭死不偿命，赵氏绝味臭豆腐，你又迟到了。"

就像绕口令一样，每次听你这么说，我都好气又好笑。

我也给你起了外号——母猴子，每当有人叫你"母猴子""母猴子"的时候你都赌气不抬头，倔强极了。

我喜欢在每次到班里时，就冲你说一句："母猴子啊，你到得这么早，你干什么来了你？"

你就不吱声，半天才憋出来一句："你才是母猴子呢，精神病！"

什么都无所谓，那时的我还是喜欢叫你母猴子，尽管你一再地不理睬这个外号，当我叫你母猴子的时候，还是会梗着脖子不抬头，但是"母猴子"这个外号已经深入我心，每次和闺密聊天，说起你，我都会笑起来，然后打趣地说："噢，那只母猴子……"

心里总是开心的。就像你，总是有和煦的笑，和春风一样的面容。

5

有一次开班会，老班派你出去把咱们班捐的善款交到政教处，你"哎"了一声就拿了钱跑出了教室。待你走远，老班对我们说："×××（你的名字）是个命苦的孩子，他的父母离婚了，他能这么开朗是很少见的，对于这种家庭并不完美的孩子，我们大家都要好好对待，不要伤害他，知道不知道啊？"

班里一片唏嘘声。

我瞬间感到无比的愤怒，难道教了半辈子学的班主任不懂得什么才是真正的伤害吗？难道班主任不知道他这样自以为善良的演说就是对他最大的伤害吗？就算他的家庭再怎么不幸，命运再怎么悲惨，但他在我们面前就是一个完完整整的个体，他并不想让别人知道他的家庭，每个人都有自己的难言之隐，所以他那么努力地在我们面前快乐，那么努力地掩盖心里的伤痛，他所有努力建起的那座城池，那一刻，全部被班主任毁掉了！

我无言，心里无比难过。

你回到班里，全班都向你投以那种无法言喻的、带着异样的目光。

你毫无察觉地走到我旁边的座位上坐下。阳光落满了你的桌子，你被刺得眯起眼睛来，顺势用手去挡，阳光就穿过你的指节打过来，晕晕染染的像一张诉说青春的照片。

有时候阳光很强，有时候阳光很暗，这就是生活。安东尼说的。

6

终于，还是换了座位，分开了。分开了就分开了，没什么大不了，甚至当时有一瞬间觉得，终于换了座位了，可以有一个新同桌了。

当时的我傻傻的，当时的你也傻傻的，我们两个傻瓜就这样在人生的旅途中，并肩了那么一点点时光。

噢，那就这样吧。

7

还是忍不住有那么一点点想你，只有那么一点点，相信我。

我会在某一个寒冷的冬季傍晚，看着你的背影，在心里默默地念，转过来，转过来……然而你从来没有转过来。

我更会无聊到在上楼时，每踏一步台阶嘴里就念念有词：喜欢、不喜欢、喜欢、不喜欢、喜欢、不喜欢、喜欢、不喜欢、喜欢……

学校的每一层楼梯都告诉我，是喜欢的呢。

8

少年，这是我为你写下的第一篇文章，不过不会有下一篇了，这些矫情的话我都不太相信了。不过你若是看了这些话，我相信你会很感动，旁人看不懂我的琐碎，只有你懂得这些事情背后的所有心情。我的拙笔写不出那么多不可名状的心事，但我相信你明白……

微　　光

小青，我是大白

森　森

"两耳不闻窗外事，一心只读圣贤书。"当然，这是在分班之前我对大白的看法，一直以来，他可都是我诚心膜拜的学神哪！

升了初三，又分了一次班，大白是我同桌。我心里开始嘀瑟，但不怎么敢表现出来，尽量将自己伪装成淑女。没错，我就是淑女来着……

"哎！"大白喊了我一声。"叫我吗？"我扭过头去看了大白一眼，表示很疑惑，其实心里巴不得他跟我讲话呢！此时他意味深长地看了我一眼，把手放在嘴边咳了两声，"小青，我是大白！"听到这句话我第一反应就是：这该死的白蛇传戏码！这时候大白又突然打量起我来，"据说没人能拯救你的丧心病狂了，你可文静不起来的呀，万年二号！你不是一直都很不正常的吗？！"

随即我的脸色就变了，母老虎就是母老虎，江山易改，本性难移，"谁说你就正常了，你刚体检完啊！小矮人！"大白在此时露出了他的招牌笑容，一副无所谓的模样，惹得我心火乱窜。

　　和大白同学熟悉之后，渐渐地发现，天然呆啊！

　　"你说你怎么那么'二'？学号是二，考试总考第二，整天还嚷嚷着看《画皮2》《非诚勿扰2》，长得也超'二'！"大白一副故作忧伤的模样。对此我表示很无奈，"你二，或者不二，二，就在那里不三不四。"我得意地对大白说完后便不顾形象地哈哈大笑了起来。

　　"你节操是不是让狗狗叼去了？"大白将练习本卷起来，狠狠地敲了我的肩膀，粗鲁至极。我没有和大白计较那么多，反而停止了笑声，趴在桌子上，静静的，不想说话。

　　"说话！你沉默的样子我不习惯。"大白淡淡说道。

　　"为何默默不语？因为我在实践一个真理——沉默是金。之后，就可以延伸贯彻为，是金子，到处都发光的定义。"我幽幽地回答。

　　"别抽风了，这儿除了我你还信得过谁啊？快说心事，我来围观。"大白最近变得特别自恋，我和我的小伙伴们都表示很无语。难道大白从来没有发现冷场的小乌鸦在他头上飞过吗？

　　"哼！"

"快说！"

"那个小男生长得好可爱啊！今天早上在楼梯的时候刚抬起头就对上他的眼睛，你也知道我的小心脏好脆弱的，根本接受不了呀！感觉人家的小宇宙要爆发了！我会不会喜欢上他了？不会的不会的！可是他笑的时候根本就把持不住啊，哼！以后再也不看了，再看下去估计我会……"

"再看下去你就中毒了！"大白活生生把我从花痴的梦中叫醒过来，他无法忍受我无厘头的话语、扭捏的动作以及唾沫横飞，打断我的话之后还不忘鄙视地看了我一眼。

"可是……一见钟情怎么办？"我有些憋屈。

"一见钟情不是情，是脸！"大白的声音有些大，显然是动怒了，他越是这样，我越是觉得不对劲，到底是哪里不对劲，我一时也说不上来。

大白收了收嗓门儿，继续滔滔不绝："你们这些'90后'，爱情观真是弱爆了……荷尔蒙分泌旺盛，男女就开始渴望亲近，一旦陷入爱情，就会分泌出多巴胺、血清胺，尤其是血清胺，能让你无法意识对方的缺点，挡住你的视线，发展到更进一步的关系时，就会分泌出催产素和加压素，这些激素，只能高浓度地维持两三年，所以爱情只是一系列的生理反应。我劝你不要对爱情抱有太大的幻想！哎！你有在听我说吗？"

我心里此刻的唯一想法是：赶紧离开这个书呆子。

我对于早上的偶遇也只是失落和想念，仅此而已。可我就是不明白，为什么大白会有这样激烈的反应呢？

此时的他已经不说话了，也只是静静地看着前方，仿佛受欺负的人是他一般，眉宇间，流露着一股淡淡的忧伤。

"来来来，大白，我给你讲个笑话！听着啊，一天，橙子在路上不小心撞到了香菇，脾气暴躁的香菇张口就吼道：'你怎么还不去死啊？'于是橙子就死了，你猜这是为什么？哈哈哈哈……因为'菌'要'橙'死，'橙'不得不死啊，哈哈哈……是不是很好笑呀？"此刻我感觉到冷场的小乌鸦从我头上飞过了……没办法，脸皮厚是家常便饭了，毕竟我是个"二"啊。

"白痴！"大白可能是看见我太费力的缘故，居然真的笑了。

上课的时候，突然怎么也听不进去，脑子里在回放大白的话和表情，爱情观好另类，又或者，有过什么感情创伤，想到这儿，心里也不知怎么了，一阵酸涩。

小青和大白的关系会不会一直都很钦呢？毕业之后总会各奔东西，也不知在未来的日子里，何时才会相遇，那时，你还会不会主动对我说一声："哎，小青，我是大白！"

我在"水调歌头"等你

陆七月

去乌镇，是我和小然两个人的理想。

青石板上，着一身素雅旗袍的丁香姑娘撑着油纸伞在雨中穿行，带着一种江南的淡淡哀愁。小桥流水，白衣胜雪的少年站在桥头，笑容明媚了世界。他们背后的雕花门窗，有几千年的古色古香。

但是小然问我去不去的时候我却迟疑了："我还没有准备好，要不国庆或者以后再去？"

小然眼睛亮闪闪的，"不要嘛，已经拖了很久啦。就现在嘛。"

可是如果这样没有准备地去了，接下来生活费就会很拮据。中秋放假回来要数学考试呢。而且我们这样贸然地出发，到时候会迷路的。我拿出一系列"证据"证明当下并不是去乌镇的最佳时机。

"可是青春就该不靠谱啊。"小然揽过我的肩膀，一脸单纯的模样。

经过一番权衡，小然改变了目的地去了西塘，因为乌镇的门票太贵。而最终我还是没有和小然一起出发。

小然捏着蓝色的火车票在我面前蹦来蹦去，"等我回来哟。"

晚上的时候，我想了很多东西。

比如我曾经想写一篇小说，故事发展的脉络我都想好了，但主人公的名字没确定。等两个月之后我想好了主人公的名字，写故事的灵感早就不知道遗落在哪儿了。

比如，我曾经想去学画画，可是我一直买不到自己喜欢的画笔，然后拖啊拖，等我在超市里对一套画笔心仪无比，我早就想不出来当初想画的风景是什么样子了。

现在想想，主角名字不好听不要紧，画笔的样子我不喜欢也不要紧。或许，我缺少的正是小然那份想做就做说走就走的勇气。

回来后的一个星期，小然都在我耳边哼《水调歌头》，她无比怀念那家叫"水调歌头"的酒吧。在那里，她看见了青春。

小然在酒吧里邂逅了一场表白。是一个高三女生，她什么时候溜上台的大家都不知道，但从她说话的那一刻开始，世界就一点点安静了下来，最后整个酒吧就只能听见女孩儿的声音。一开始女孩子拿着稿子读，边念边抖。后

微光

来她深深吸了一口气，丢掉稿子，看着台下的某个地方的某一个人，说："如果你喜欢我，高三以后我们就在一起，现在请你把我抱下去。如果你不喜欢我，你就把你面前的蛋糕吃掉，把我说的话忘掉。"最后，格子衫的男生上去把女孩儿抱了下来，女生张开嘴巴，不可抑制地哭了出来。

"陌陌，我超级喜欢那个女孩儿，她超级勇敢，勇敢得可爱。陌陌，我觉得你就是缺少了这种无惧无畏的性格，什么事情都要计划好了再做，就像做数学题一样，一点儿都不可爱。"

数学课代表许昭走过来，"林然然，要是人人都像你这么无惧无畏，数学老师不被气死才怪。刚刚我去拿试卷，数学老师还在拿你的试卷当笑话说。"

"讨厌讨厌。"小然抢过试卷捂住脸，"人家只是出去了几天，一高兴就什么都忘了嘛。"

许昭把另一张试卷放在我桌上，低低地说了声："数学老师说你考得很好。"

我扯扯嘴角，继续做摊在面前的习题。不一会儿从后排传过来一个纸条："高考之后想出去玩，你去不去？"虽然没有署名，但我还是一眼就看出了字的主人。

"我在'水调歌头'等你……"

纸条再次被传回来的时候是一排硕大的问号。我把纸条扔进纸篓，许昭，明年夏天，我在"水调歌头"等你，无论你来不来……

致我的小小小"奴隶"

罗伊·克里夫特

今天是公元2014年6月4日，早上5点多的时候，生物钟就发作了，心里藏起的失落也跟着复苏。我以为再大的事只要一觉睡过去，都会随大脑的一夜好眠而流逝，结果发现，你是例外。

突然想起政治老师讲"矛盾"那课时举的例子："两个人关系太好，矛盾就会不可避免地出现。"你说，我们昨夜乐此不疲地互相中伤，这算矛盾吗？如果算，我是不是该高兴呢？正是这矛盾证明了我们不同寻常的关系。那如果矛盾得不到解决，我宁愿不要这种非常人可以接受的证明。我只是个小小的平常的地球人，受不起这种证明。

我不能做到心无波澜地看着你的开心全都没有我的参与，可现在真的不能参与了，是不是以后都无法参与了？

很多时候，当有一丁点儿不开心的事情时，看见你我就大嚷着"我要死了"之类的话，当你问起"怎么了"的时候，我会咿呀咿呀地将我以为的那些"大烦恼"全都砸进你这大树洞里，然后就看着你手舞足蹈、洋洋洒洒地帮我灌输"这算什么"的思想，再举例论证……

每次被你抓到我一个人因为一些小事偷偷抹眼泪的时候，你总是说："你应该跟我学学，从来没被人发现哭。"你可知道，你是我唯一一个性别归属为男的树洞，但这"唯一"我没有说给你听，你也就不知道。

我想，将真心话藏在玩笑话里的这种臭习惯一点儿也不好，明明将真话都说了，别人却只当它是玩笑。唯一的好处便是：你可以很好地藏起这颗有点儿破损了的心，即使被拒绝，也只是以一句"我在开玩笑，你难道没看出来吗"来收场，但你却永远看不到那颗因为你而低到尘埃里的心。

你说，我们是不是会越走越远？如果是，我倒愿意将它理解为并肩地走。

嗨！我的小小小"奴隶"，这种感觉是不是特别不爽呢？不过你比我好，我把自己当根葱，就这么把真心话随根一起埋在土里，以为不说你也会懂，以为你会拒绝我所有煽情的真心话，于是便把根越扎越深，直至深得根部开始无法进行正常的有氧呼吸了，开始慢慢腐烂。当我暴露在阳光里的部分因为没了根而被人轻而易举地拔起时，我听到了足以让我所有的存在在一瞬间变得毫无意义的一句话："你真当自己是根葱呀！你顶多算根营养不良的蒜。"那一刻，我没有伤心，庆幸我的心已经藏在根里随它殆尽……我只是会不时地重复这句简简单单总结了我的一整个曾经，一整个想要努力成长为一根葱的曾经，原来也不过如此。

当我被丢弃在阳光下离开了我的根被暴晒而死的时候，我没有悲伤，没有疼痛，因为我的心不在这里，它已随那些真心话、玩笑话，随你的离去一起消灭……

这些煽情的文字，我都没有拿给你看过，因为你说过你最讨厌煽情了，所以我从来不在你面前一本正经地说着真心话，因为真心话说起来都是煽情的，煽情得让自己想要落泪。我想，你是一名合格的理科生，站在生活里煽情的对面。

让我把你的那个"亲"字补充完全吧，你又不是淘宝店家，所以，请让我把它理解为"亲爱的"。

最后，亲爱的小小小"奴隶"，这些都将会是你不知道的我一个人煽情的时刻吧！但我还是要许个愿，愿我有一天可以大大方方地站在你面前，对你正正经经地说出这些真心话，而后，和你一起走得更远，是一起走！

愿，你我一切安好，仅此而已。

我们都是疯小孩儿

骆 阳

1. 手下败将

"蔚欣，你把桌子往后挪挪，我都快挤死了。"

"我的地方也很小，你让前面的往前挪一下呗。"蔚欣说。

"方圆几百里，就你的地方大，你是猪吗？一个人占八个人的地方。"

蔚欣怒了，双手狠狠地击了一下桌子，似乎把整个班级都震得打了个颤，"刘蠢强，你是不是找死啊？"

"你才找死呢！"

蔚欣双眼喷火，并以迅雷不及掩耳之势揪住我的脖领大骂："你个瘪三，是想死吗？用不用本小姐送你一程？"

"就你还小姐，八婆还差不多！"

蔚欣用她那带着泥的指甲在我脸上飞快地划过。

"呃！"我摸了摸脸蛋儿，看了一下，流血了。

我们厮打在一起。班长和几个同学跑过来拉架。一旁还有几个不嫌事大的在加油助威。

"刘蠢强，你今天要是打不过她，别说你是爷们儿！"某君说。

"别打了，班主任来了，快停！"班长大喊。

我们晚了一步，被班主任抓了个正着，我和蔚欣被请到了教导处……

之后，某人就在整个年级传播此事。没多久，许多人就都知道了某某班A君被B女打得头破血流。

2. 刀疤杰森

英语课上，Miss徐让小组讨论课本上的问题，我和蔚欣的同桌晓鹏开起了小差，讨论起了蔚欣。

晓鹏一边笑一边对我小声说："蔚欣真丑，脸又大又黑，下巴上还有刀疤。"

这让我和晓鹏一同想起了《终极一班》里的刀疤杰森。

然后，我和晓鹏便左一个"刀疤杰森"，右一个"刀疤杰森"地叫起蔚欣。

蔚欣瞪了我们一眼，朝我们说："你们挂了。"

接着，她做了个让我们喷血的举动。

蔚欣站起来，"老师，刘存强骂我刀疤杰森！"

全班哄堂大笑。不知他们是赞成我的观点，还是嘲笑我被打了小报告。

Miss徐拿起英语书在讲桌上拍了两下，"静！刘存强你到讲台边蹲着去！"

3. 冤家路窄

下课，回到座位上。

晓鹏指了指蔚欣，小声地说："她哭了。"

"她也会哭？不应该呀！"我学着小沈阳的腔调说。

Miss徐清了清嗓子，"你到吴蔚欣旁边，你不是喜欢跟吴蔚欣打吗？这回你俩同桌，天天打，天天掐。"Miss徐指着我说。

Miss徐无愧班主任头衔，就连惩罚学生都格外新鲜。

4. 好男不和女斗

数学课。我悠闲地写着随笔。老师在前面用尽吃奶的劲儿讲解本学期的中考重点。

蔚欣一边听讲，一边骂着本章的变态难。

"嘻嘻，听不懂还听，猪八戒戴眼镜，冒充大学生。"

蔚欣用胳膊肘用力地撞了撞我，"喂！你往那边点儿，过界了。"

"你别倒打一耙，明明是你的猪蹄子放在了我的地盘上。"

蔚欣一把抓起我的随笔本，二话没说"刺啦"就撕成几半。

我也拿起她的书，刚要撕，就又扔了回去。上几次被Miss徐和主任处置得不轻，当然要长点儿记性。

"算了。好男不跟女斗。"

蔚欣朝我翻个白眼，"就你那娘娘样，还好男呢！恶心。"

"八婆，撕我随笔本，烂爪子。"我心里暗骂了句。

再看我心爱的本本的惨状，气得牙痒痒。

5. 画饼充饥

早自习。Miss徐听写英语单词，可我的英语听写本不在服务区内。

"咋整？再晚一步就跟不上了。"

正急得要命时，眼前出现两张英语纸。是蔚欣递过来的。

"给我的？"我瞧了她一眼。

蔚欣没有搭理我，自顾自地写了起来。

第三节下课。

蔚欣跟死党说："有点儿饿，但忘了带钱。"

她死党掏了掏兜，"啊！我也没带，怎么办？小欣欣要挨饿了。"

蔚欣叹了口气。现在她的肚子可能在嗷嗷叫唤。

我不想欠她人情，从书包里拿出一个萨其马，"给你。"

"不要。"

"你不爱吃？"

她转过头，没理我。

我在草纸上用圆规画了个大大的圆，"你不吃萨其马，给你烙了张葱花油饼，塞吧！"

蔚欣的死党把刚倒进口中的水喷了出来。蔚欣"扑哧"一下笑了。

6. 大葱卷煎饼

物理课上，蔚欣听得云里雾里，干脆就不听了。

她闲得无聊，把一张绿色的书皮卷到一张A4的白纸里，对她死党说："你刚才不是饿了吗，给你弄了个大葱卷煎饼，吃吧！"

"大葱卷煎饼？怎么那么别扭啊？"她死党很纳闷儿。

蔚欣恍然大悟："哦！哦！是煎饼卷大葱。"

她们俩忍不住了，在课上"咯咯"乐了起来。

"吴蔚欣！李娜！干什么呢？是不是闲得没事干？你俩把本册书上所有公式、定理一个写一百遍，周五之前交上来！"物理老师说。

蔚欣和她死党昏倒在现场。

"物理老师太狠了，想累死我吗？"蔚欣一边"唰唰"地写罚写一边说道。

"没让你把整本书抄下来就算照顾你了。"

蔚欣在我面前亮了亮拳头。

"你就当我没说。看在你给哥英语纸的份儿上，帮你写点儿吧！"

……

周五下午，经过两天奋战，终于写完。

我的手又酸又痛，她也真不客气，百分之八十都让我写了。

"都是你大葱卷煎饼惹的祸。"我一边掰着手指一边说。

"你愿意帮我的。"蔚欣嬉皮笑脸地说。

微光

◈◈◈

7. 我们都一样

某天，我心情沮丧。

"怎么了？"蔚欣问。

"我爸妈打架了。"

"你爸妈也打架？我爸妈也掐，三天一大掐，五天一狠掐。"

"你爸妈也打架？"我问。

"嗯。"

"我爸妈打架，本来是我爸的错，可我奶总向着我爸，气人。上周，我往我奶家院里甩了两个啤酒瓶，真解气。"我说。

我俩算是聊开了。

蔚欣说："我奶也对我妈不好，我也讨厌我奶。小时候不懂事，我还把给牛打针的药下在我奶喝的大茶杯里了，要不是我小弟告诉了我奶，我奶就……想想真是后怕。"

从那时起，我发现我们的经历有许多相似的地方。我们都一样，都是时而忧愁时而明媚的疯小孩儿。

8. 这都不是事儿

初三上学期快要结束了，各技校到我们校招生。蔚欣学习不好，她想去，可是她爸妈不许。

放学，我们踏着皑皑白雪走在路上，谈论起此事。

蔚欣一边走一边说她爸妈有多么不善解人意，她越说越激动，越激动越说，最后声音便不自觉地大了起来。

"在大马路上大叫，泼妇！"一路过此处的女生破口而出。她是隔壁班的江山。

"哎！你说话能不能好听点儿，动不动就骂人！"我说。

"我就骂，怎样？"江山又说。

"精神病！"我说。

"好，你等着！"江山放下狠话。

第二天，一个人来班级找我，说是有事，我没多想就出去了。

是江山，她二话没说，闪亮地给了我一巴掌。

"这就是说我精神病的结果。"说完，她就走了。

我站在原地，愣了一会儿，我的大脑完全没跟上她的节奏。

这事，我一直都没跟蔚欣说。因为，这都不是事儿！

微　光

弥　生

你曾说你以前特别讨厌我。我惊愕,问你为什么。

"因为你总是很疯狂,到处蹦,像男孩子一样。人缘好,老师又关注你,作文比赛都叫你去,却从未关注我……"我不记得你是在什么样的场景下说这些话了。你真诚的语气让我既心疼又感动。

不过那又怎么样呢?我很厚脸皮地像狗皮膏药一样贴上你。

那已经是过去了。而且,不管你曾经多么讨厌我,你依然无可避免地成了我的好闺密。

说起来我们认识了将近十年了,然而真正许诺至死不渝、任何东西都阻挡不了我们会白头到老的友谊是在四年前刚上初一那会儿。我们在同一个班级,我死皮赖脸地要和你坐在一起。

因为不知道你讨厌我，所以开始对你推心置腹。我们骑着单车一起上学，我们会买大包大包的零食坐在学校的草坪上不顾形象地胡吃海塞。

你调侃道："我的痘痘都被你养出来了。"

在你说出那些话的时候，神经大条的我才打开生锈的记忆之门，猝不及防地被过往砸得晕头转向。

那时你总是默默无闻地坐在小角落里，安静得如同正在汲取营养默默成长的花朵。而我则驰骋教室，拿着扫帚到处揍人，偶尔被人揍一下。挂彩出糗那是难免的事。语文老师欣赏我，于是我在语文老师面前极尽温柔，以至于在看到手册上老师评语一栏中的"该女文静懂事"时笑得直打滚，并以此到处彰显我是淑女的权威认证。当时一提到"文静"一词我总是会想起你。若当年我能知道两年后你会对我拳打脚踢极力颠覆我的淑女观的话——我死也不会说出这等违心的话！

你说你开始对我改观是在你参加读书活动失败后在班级内失声痛哭时，我不顾上课抓着到处借来的纸巾一直笨拙地往你脸上擦。然后一直安慰你不要哭，不要哭。我懊恼于自己如此拙劣的安慰技术，却想不到你竟然感动了，更不会料到很久以后我会多次在你面前放纵大哭。

"只有你一直在安慰我。"你笑着说。而我却一直在为你心疼。因为你的心情我感同身受。渴望被关注，努力后却还是失败了，这种滋味我到现在还总是深尝。

微光

211

　　你告诉我你真正开始接纳我、喜欢我是在初中开学没几天后你收到了"海西杯"作文比赛获奖证书。你高兴得形象全无，我也强装欢颜却真诚地拥抱你。虽然嫉妒心真的是很可怕的东西，但是我更不愿我们的友谊会成为禁锢你喜悦的枷锁。

　　我们一起参加比赛，我却输了。我第一次如此深刻地尝到了嫉妒的滋味。或许我会嫉妒到一走了之，然而我更害怕失去这段来之不易的友谊。

　　你说你当时很害怕我会因此不再理你。

　　傻微，姐才没那么小肚鸡肠。

　　我多么庆幸于几张纸巾和一个拥抱就能换来这么一段让我们彼此都坚信永远不散的友谊。

　　在生活方面，我是强势的，然而在感情方面，我无疑是懦弱胆小的。从小到大，我都是小心翼翼地去处理感情的事。因为不懂得拒绝，所以我从来没有和哪一个人吵过架，更不用提绝交。但是，我也没有一个可以推心置腹的好朋友。

　　遇到你之后，我就想，这一定是世上最完美的友谊了吧！

　　然而在友谊臻于完美之境时，我们难免会有小疙瘩。于是越积越大，我们唯一的一次冷战开始了。具体原因不记得了，那是一段午饭的时间。

我们各自沉默地骑着单车回到自己家，感觉很严重的样子。然后一顿午饭后，我由于惯性作用蹬上自行车直直朝你家飞奔而去。隔了老远就扯开嗓门儿喊："微儿——"

你兴冲冲地跑出来，手里还捧着一个碗，嘴角更是沾了一粒饭粒。

于是我猛然想起，哦！早上刚和你吵了一架。

看到你笑靥如花好像失忆了一般，也许是心知肚明却装傻充愣闭口不提。总之那时看着你，心里就想啊——这样也蛮好的。

我们都不想失去彼此。

也许友谊要有适当的距离才能发酵出最醇正的香味。初二那年，你转学去了另外一所中学。

我不好意思跟你说我有多想你，所以总是偷偷哭，明明都是上初中的孩子了。

那段时间真的很难熬，我甚至惊悚地发现我对零食竟然失去了兴趣。你的威力如此强大，使我至此戒掉了零食。最难熬的是晚自修回家独自走夜路。我一个人骑着单车行驶在路上，心里想着你在就好了。忽然就体会到你的感受了——你家比我家远得多，每次我到家时总是望着你一个人渐渐消失在昏黄的路灯中。

"害怕的话大声唱歌好了。"你有一次这么对我说。

我从未发现原来回家的路如此漫长，于是我真的就开始唱歌。路上偶尔有狗朝我狂吠，我就使劲朝它们吼，唱累了才惊觉脸上都是泪。

微，我想你了。过去，现在。

习惯了你不在的日子连自己都觉得不可思议，其实我一直都觉得是自己太夸张了，毕竟隔一两周你就会回来。

本来一遇到什么伤心事就想——啊，你在就好了。

于是准备了整整一周的苦水准备倒给你，结果一见到你什么水都蒸发掉了，净扯一些无聊事，以及彼此的他。

你每次坐在我的床头大肆海侃，动情之处就忍不住狂拍我的大腿失声尖叫，极力颠覆你的淑女形象。每当此时，我就深感老师那句评语的真实度。原来我真的是一名淑女啊！

距离上次见到你是两周前的事了。那时我们坐在床头啃着硕大的面包，空气里弥漫着面包的暖香味。

你又开始嗷嗷尖叫——好幸福啊！

我看着你眯着眼睛极尽享受的可爱模样也忍不住笑了。是啊，真的好幸福。

其实，一直以来就很想告诉你，又怕你说我肉麻。况且我也会不好意思，弄得跟生离死别似的。

我知道你在那个学校难免会遇到挫折，也许以前那个小小的自卑的你会时常跑出来作怪，但不管你遇到什么事，无论是开心还是难过，我都希望我会是你的第一个倾诉对象。让我做你的肩膀，虽然我个头儿不高，肩膀不宽，委屈时也会不坚强地掉眼泪，不是个称职的好避风港，但是我想像多年前那样擦掉你的泪，让我拥抱你好不好？

对于我来说，天暗下来，你就是光。

微，你听见了吗？

微
光